AF295258

Magi för hemmabruk

Karina Lilla Räven

Illustrationer: Eva-Lisa Högbom

Omslagsfoto: Eva-Lisa Högbom

Förlag: BoD · Books on Demand, Östermalmstorg 1, 114 42 Stockholm, Sverige, bod@bod.se
Tryck: Libri Plureos GmbH, Friedensallee 273, 22763 Hamburg, Tyskland

ISBN: 978-91-8080-739-5

Välkommen till min värld! I denna bok får du följa med mig på en resa där min gamla vanliga vardag förvandlas till något extraordinärt med hjälp av lite magi. Eller är det bara vanlig fantasi? Jag utforskar olika metoder och verktyg som används för att förstärka mig själv i vardagen, från användning av pendel och medicinpåse till skapande av hemmaaltare och balansering av element.

Min avsikt är att göra mig själv lite starkare och tryggare genom att stanna upp och lära mig att se och känna på ett annat sätt. Världen omkring mig verkar vara full av möjligheter till extra kraft som kan förverkliga mina mål. Varje steg jag tar och varje beslut jag fattar bär på en sorts oskriven potential.

Ett mått av magi kan vävas in i min vardag – genom tankar, handlingar och viljeyttringar som skapar förändring och väcker livskraften i mig själv och världen runt omkring. För om jag har förstått saken rätt är magi något som kan användas för att manifestera sin vilja. Tänk så bra

Pendeln jag får i present ligger i en liten tygpåse, en så kallad medicinpåse. Påsen har en dragsko och ett tunt vitt bomullssnöre som är dubbelt löper genom skon. Garnet har stopp i ändarna i form av fastlimmade trekanter klippta ur tyg. Själva påsen i tunt tyg är ungefär en decimeter hög och lika bred, men rundad i underkanten och har således en klassisk form. Glada och klara färger syns, gul, lila, rosa, blå och orange i ett asymmetriskt och lite flytande mönster. Tryckta bokstäver finns i tyget, på ena sidan syns ett versalt D och nästan ett helt E i rött. Bokstäverna får mig att tänka på den snälla givaren då hennes efternamn innehåller både D och E. På andra sidan syns skrivstil i brunt som är svår att tyda. Kanten längst upp med dragskon är gulbeige och ungefär tre centimeter bred. Kanten överst är den sista delen av fodret som finns inuti, tyget har en svag doft av tvättmedel.

Pendeln ger en tyngd åt medicinpåsen som känns spännande. När jag skakar påsen lite hörs ett rasslande från den kedja som den är fäst vid. Jag tar ur pendeln genom att hålla påsen i vänster hand och hälla ut innehållet till min högra hand. Stenen, som är en kristall, är en vackert pastellfärgad grön aquamarin, hålet som går genom hela stenen gör att en metallspets kan vara den avslutande delen som pekar rakt ner, vilket ger en känsla av riktning, balans och lod. I den övre delen på motsatt sida av stenen sitter en spolformad propp med en nyckelring i miniatyr som den lilla minikarbinhaken kan fästas i. Kedjan med karbinhaken är ungefär tjugo centimeter lång och i båda ändarna finns en liten metallboll som mönstrats med hål och sirligheter. Bollen längst upp är något större, kanske för att ge en tydlig sak att hålla i när pendeln ska pendla. Alla metalldelar är silverfärgade.

Jag minns min kära faster i köket den gången hon ska få svar på frågor via en pendel. Först ska pendeln tillverkas, ett långt hårstrå ska tas från frågeställaren och min faster har moderiktigt kort hår. Kan magin uppkomma även genom ett långt hårstrå från en liten släkting? Innan damerna lyckas fästa ringen som ska pendla får jag bjuda på flera långa mörka hår från mitt barnhuvud som snabbt och nästan smärtfritt rycks ut ett i taget. Att göra knutar på ett hårstrå är svårt märker jag, som nyfiken sitter med vid köksbordet och iakttar ritualen, men till slut lyckas de. Ringen som ska utgöra själva pendeln måste vara i guld och bör helst vara en vigselring. Ingen av damerna i köket är gift, de får nöja sig med en förlovningsring som är i renaste guld. Ringen knyts fast i hårstråt och ska nu genom att pendla fram ja eller nej svara på deras frågor om livet, tillkommande kärlekar och annat som kan vara väsentligt och spännande att få veta. Med jämna mellanrum hörs någon säga

-       Du rör dig ju! Var stilla nu!

Vilka frågorna och svaren är svårt att komma ihåg men de har roligt och skrattar mycket när de får sina svar. Pendeln gjord av mitt hårstrå och mammas guldring verkar fungera bra.

Den vänliga personen som gett mig pendeln i present upplyser mig om att den ska kalibreras före användning för att jag ska veta vilken riktning som är Ja respektive Nej när den pendlar. Hon visar mig på sin egen pendel genom att först hålla den nära sin mun och säga

-       Kära pendel visa mig ditt Ja!

Hon ger den en puss. Så släpper hon ner pendeln rakt ner, hållandes kedjan mellan tummen och pekfingret och liggande över handen när handen liksom pekar med alla fingrar framåt. Hennes pendel visar snällt och rutinerat både Ja och Nej. Pendeln pendlar inte alls för mig, den åker rakt ner när jag släpper den sen står den stilla och vibrerar. Kan vibrationen vara ett Ja? På andra försöket ska ett Nej visas upp. Jag släpper ner den på samma sätt, men med den nya frågan. Även denna gång står den rakt ner stilla på samma ställe och vibrerar.

-       Märklig reaktion, säger personen som gett mig gåvan.

Vi ger upp för tillfället och jag får rådet att ha pendeln i sin påse nära mig ett tag, i fickan eller i väskan innan nya försök ska genomföras.

Efter någon vecka kommer jag på att påsen med pendeln ligger i en byxficka, och flyttar den till min väska. Sedan har den varit i min glasskål med snäckor och kristaller. Nu tänker jag få den att fungera genom att först rena verktyget.

När jag skapar och använder en medicinpåse är min egen känsla och intuition vägledande. Påsen används för att bära små föremål som har betydelse för mig som bär den. Hur påsen ska se ut och vad den ska vara tillverkad av avgör jag själv. Påsen kan jag tillverka, få i present, eller köpa någonstans, rätt eller fel existerar inte. Medicinpåsen ger stöd för att upprätthålla en koppling till naturen, förfäder och andar och är därför ett bra verktyg för meditation, affirmation och ritualer. Varje medicinpåse är unik för sin ägare och innehåller saker som har personlig betydelse och kraft. Allt från kristaller och stenar till fjädrar, örter och små symboliska ting kan ligga i den. Medicinpåsar kan också innehålla sådant som har överförts från äldre släktingar.

I min påse ligger just nu en pendel. Föremålen i medicinpåsen används för att skydda och hela bäraren och sägs ha kraften att avvärja negativa energier och bringa välmående och balans. Själv lägger jag stor vikt vid att givaren av min medicinpåse har en vänlig inställning och således vill mig väl. Vilken viktig föresats min presentpåse är laddad med! Så min är redan vald, men om du också vill ha en egen påse för magiska ting kan du tänka på några saker.

Välj ut en liten påse som känns rätt, den kan vara gjord av naturliga material som bomull eller läder och gärna i en färg som har särskild betydelse. Tänk på vad du vill ha i din påse som exempelvis örter och växter. Välj då örter som harmonierar med dina behov, som lavendel för lugn och rosmarin för skydd. Påsen kan också innehålla kristaller och stenar valda med tanke på deras egenskaper, ametist kan vara bra för andlig klarhet, medan rosenkvarts är bra för kärlek. Du kan också välja små symboliska saker som en fjäder, ett snäckskal eller en liten figur som betyder något speciellt för dig. Du kan lägga vad som helst i påsen som har personlig betydelse för dig som en bit tyg från ett särskilt ställe eller en liten bild.

Innan sakerna läggs ner ska de renas genom att låta rök från salvia omsluta dem, lägga dem i månljus eller använda ljud från en klocka eller skål. Lägg försiktigt varje föremål i påsen, och tänk på varför du inkluderar varje sak och vilken energi du vill att den ska bidra med. När påsen är fylld, stäng den och håll den i händerna medan du ger den positiva energier. När du har påsen med dig och håller den nära genom att bära den runt halsen, i fickan eller väskan hjälper den till att påminna om vad du vill uppnå. Om du har ett altare hemma kan du placera påsen där som en del av din dagliga rutin eller meditation. Rena och ladda den lite då och då för att hålla energin fräsch och kraftfull vid månens cykler, vid högtider, eller när du känner att din påse behöver extra kraft.

Givaren av min påse med pendel vill mig väl och jag bestämmer mig helt enkelt för att välviljan är den energi som ska vibrera. Jag tar påsen med pendeln och lägger den för laddning på mitt hemmaaltare, efter att ha bränt lite salvia, som är helt nödvändigt för att få pendeln att svara på mina frågor.

PENDELN

Visa mig ett Ja!

Användning av en pendel för att få svar på frågor är en gammal och välanvänd metod inom spådomskonsten. Pendeln är gjord av material med viss tyngd som hänger i en kedja eller ett snöre, den behöver vara balanserad och bekväm att hålla i för att fungera bra.

Se till att pendeln är ren och fri från negativ energi genom att antingen hålla den under rinnande vatten, lägga den i en skål med saltvatten över natten, eller genom att låta den svepas in i salviarök.

Hitta en tyst plats där du kan sitta ostört och fokusera. Tänd ljus eller rökelse om du behöver hjälp att slappna av. Håll pendeln i din dominerande hand och ställ in din vilja. Be om tydliga och ärliga svar. Du kan också säga en kort affirmation för att centrera dig själv. Innan du börjar ställa frågor, fastställ pendelns grundsvar för Ja, Nej och Vet ej. Håll handen med pendeln stilla och be den

- Visa mig ett Ja.

Notera nu pendelns rörelse, till exempel fram och tillbaka eller i en cirkel. Gör samma sak för Nej och Vet ej. Hur svaren ser ut kan vara olika för varje person och pendel.

Håll pendeln stilla och ställ en fråga. Formulera dina frågor på ett tydligt och specifikt sätt för att få mer exakta svar, frågorna bör kunna besvaras med Ja, Nej eller Vet ej. Vänta tills pendeln börjar röra sig och notera vilken riktning den tar. Tolka rörelsen baserat på de grundsvar du fastställde tidigare. Acceptera de svar du får och försök inte att påverka pendeln med dina egna förväntningar eller önskemål. Tacka pendeln och det väsen som talar genom den för vägledningen när du är klar. Försök att hålla ditt sinne klart och fritt från distraktioner medan du använder pendeln. Ju mer du använder din pendel, desto mer bekväm och säker kommer du att bli med att tolka svaren. Pendeln kan vara ett verktyg för vägledning och självinsikt, så använd den med respekt och öppenhet.

AQUAMARIN, KRISTALLEN I MIN PENDEL

Att ge en aquamarin kristall i gåva är en underbar och meningsfull gest och jag känner tacksamhet över stenen i pendeln som jag fått.

Aquamarin är känd som en sten för kärlek och vänskap som stärker band, främjar harmoni samt skapar förståelse mellan människor. Aquamarin är associerad med halschakrat och anses hjälpa till att förbättra kommunikation, uttryck och att tala sanning. Historiskt sett har aquamarin använts som en talisman för mod och skydd, särskilt för sjöfarare.

Min pendel är renad av salviaröken och ligger nu på hemmaaltaret för laddning.

När jag med stängda ögon, slumpvis väljer ut en kristall från skålen där min samling förvaras visar den sig också vara en aquamarin! Så det blir något av en tillbakakaka när jag ska ge en trollstav i present, prydd i toppen med en aquamarin. Stenen är laddad och fylld till bredden med goda vibrationer och bra kommunikation. Aquamarinen ligger i min hand och mitt inre öga ser vännen som ska få trollstaven. Hon vet vad aquamarinen betyder, det här blir kul. Samtidigt funderar jag över aktionen att göra en trollstav åt en annan häxa, ska den inte tillverkas av varje enskild häxa för sig själv? Beslutet som växer fram inom mig blir ändå att trollstaven med aquamarinen är en bra, lagom magisk gåva, trollstaven blir ju laddad av min kraft och därmed också med lejonets mod och styrka, som vi alla kan behöva mer av. Mer om lejon och häxor senare.

Min salvia är en bunt av torkade växtdelar som är hopsnörd med vitt, mjukt snöre. Växten har ett skaft och ett blad längst upp, när flera skaft binds ihop ser bunten ut som en vallmoväxt, en boll längst upp och smalare där skaften sitter ihop. Vid inköpet av salviabunten rekommenderar säljaren mig att knyta upp snöret och använda delar av bunten, för att få den att räcka längre. Den torra bunten har en tydlig doft redan innan jag tänder den. Snöret skär jag av med en svamprensningskniv, jag tar en del av materialet och lägger det på ett litet rosa porslinsfat för att brännas. Fatet är avsett för rökelsestickor, därför finns ett hål i mitten. Salvian lägger jag direkt på fatet då skaftet inte passar i det lilla hålet där annars rökelsestickan ska sitta. Tändaren i min hand sätter fyr på salvian som börjar glöda och strax seglar ett rökmoln upp som ska rena mig, medicinpåsen och överhuvudtaget mitt hem som är platsen för min ritual. Doften är densamma som i torrt tillstånd, men nu svävar den i luften och blir fysisk att andas in och att rena mig med. Jag håller pendeln i röken från salvian och sedan påsen. Nu blir de rena och jag kan sedan ladda sakerna med min vilja. Om jag ska nämna en enda rökelse som kan vara viktig så är det salvia. Salvia, särskilt vit salvia, Salvia officinalis, har en lång historia av användning i olika traditioner för rening och helande. När salvia bränns som rökelse, används den många gånger i en ritual kallad smudging eller rökrening. Salviarökelse används för att rena personer, platser eller föremål från negativ energi. Genom att sprida röken runt mig själv eller i rummet kan onödiga energier avlägsnas och en renare atmosfär skapas. Salvia har medicinska egenskaper och används för att behandla olika hälsoproblem, inklusive halsont och förkylningar. Röken från salvia kan hjälpa till att lindra irritationer i luftvägarna och förbättra andningen. Salviarökelse används även i andliga ceremonier och meditationer för att bidra till en lugnande och fokuserad miljö där den ger skydd mot negativa energier och obehagliga influenser. Röken från torkad salvia kan också hjälpa till att förbinda med andliga världar och höja medvetandet. Att bränna salviarökelse kan hjälpa mig att öppna upp kreativitet och ge klarhet i tankar. Ritualen är också bra att utföra innan jag sätter i gång ett nytt projekt eller vid behov av en mental paus.

För att min pendel ska fungera behöver den bada i rökelsen ihop med påsen. Röken från salvian ger en distinkt doft som omsveper mig samtidigt som jag tänker att rökreningen verkligen kan vara till god hjälp. Plötsligt slocknar min lilla salviakvist, skaftet vill inte brinna vidare och ge rök, bara de plattare bladdelarna. Min rökelsesession får ett naturligt slut och är nu över. Trots ett ganska snabbt förlopp väljer jag att känna mig renad och både medicinpåsen och min fina pendel har fått rening i salviaröken.

Att tända rökelse kan kopplas till flera element beroende på tolkning av dess egenskaper och användning. Rökelsen tänds med eld, elden aktiverar rökelsen och frigör dess doft och energi. Eld representerar förändring och transformation, likt vad som händer när rökelsen brinner och omvandlas till rök. Luftelementet är associerat med spridning, expansion och rörelse. Rök kan symbolisera budskap som skickas till andevärlden eller ut i universum därför tänker jag att elementet eter är aktiverat. Rökelsens råmaterial kommer från jorden och kan också utgöra en symbol för jordelementets koppling till naturen och dess resurser. Även om vatten inte är direkt involverat i bränningen, kan ångan och dofterna från rökelsen ha en lugnande och flytande effekt på sinnet, likt vattnets anpassningsförmåga och flöde.

Rökelsen används flitigt i rituella och andliga sammanhang, vilket kopplar den till eter, eller Akasha, och dess andliga dimension. Rökelsen är en naturlig del av mina egna ritualer, särskilt rening med salvia. När jag flyttar in i en ny bostad renar jag den alltid med rökelse genom att gå ett varv i bostaden och låta rökelsen svepa över fönster och väggar och skapa en inramning av renhet och trygghet. Ritualen ger mig en känsla av nystart och att jag tar kontroll över bostaden. Rökelsen kan ses som ett sätt att förena alla elementen och skapa en andlig atmosfär. Mer om elementen senare.

Platsen för mitt hemmaaltare är ett lugnt och fridfullt hörn i mitt hem där jag kan sitta ostört intill och meditera, utföra ritualer och inre resor eller bara dagdrömma. Några föremål har samlats på mitt altare, lite av en slump genom åren då jag behövt lägga mina esoteriska tillbehör på en plats de skapar kraften i mitt altare.

Om du vill skapa ett eget hemmaaltare kan du fundera över några saker. Altaret kan vara ett hörn i ett rum, en hylla, ett bord eller en liten yta någonstans på golvet. Altaret kan fyllas med föremål som har betydelse för dig, som bilder eller figurer som du känner en koppling till. För egen del använder jag många personliga gåvor, de är ju så laddade med goda välviljor och trevliga minnen. På ditt altare kan kristaller och stenar med speciella egenskaper ligga. Även saker hämtade från naturen som fjädrar, snäckor och blommor som manifesterar jordens kraft. Personliga, små saker som påminner dig om allt du vill kan också finnas på altaret. Vilka föremålen ska vara bestämmer du utefter din vilja för tillfället. En del saker byter du ut snabbt. En del kanske kan vara kvar längre tid. Föremål kan placeras på altaret för att laddas med positiv energi, så praktiskt!

I en skål av glas som står på altaret lägger jag pendeln i sin påse. I skålen finns också min lilla kvast, snäckor och stenar från andra länder. Några mässingringar finns i skålen, som ska laddas med positiv energi innan de blir till skyddande smycken som jag kan ge till andra i present. Mässingringarna ska skydda sin bärare mot alltför stark energi. En liten rund spegel ligger i skålen med spegelytan riktad bort från rummet in i hörnet för att få en fokuserad energi i mina kristaller samt en skyddande barriär. Spegeln har jag plockat ur en solpuderdosa där pudret tagit slut. På altaret finns också andra saker som min trollstav som ligger på sitt tyg med gröna blad, tarotkortleken, en kortlek med roliga drakkort som skapats av en vän, en vacker växt med rosa gröna blad, en prickblad placerad i en stor metallbägare med slottskaraktär, en Aloe Vera växt placerad i en kruka med formen av ett lejonhuvud som är mörkgrönt, också en present extra härligt med den helande effekten som Aloe Vera har. Torkad salvia att tända och skapa rökelsemoln med, rosa salt i en liten glasflaska. Rosa Himalayasalt används för att rena och skydda mot negativa energier och kan strös runt hemmet eller användas i bad för att rena kroppen och själen. Salt, särskilt rosa Himalayasalt, anses ha starka skyddande egenskaper och kan placeras i hörnen av ett rum eller användas i amuletter för att skapa en skyddande barriär. Rosa Himalayasalt används ibland i healingritualer för att balansera energier och främja fysisk och emotionell läkning.

På bordet står min svarta kristallkula på en ställning. Svart obsidian är känt för sina skyddande egenskaper som hjälper mig att avleda negativ energi och skapa en känsla av säkerhet och stabilitet. Precis som andra kristallkulor används svarta kristallkulor för spådom och meditation. Svart obsidian kan användas för att balansera och rena energier och kan hjälpa till att frigöra emotionella blockeringar samt främja en djupare känsla av inre frid. Den svarta stenen kan också ge stöd vid affärsmöten.

På altaret står även en glasskål med olika små kristaller och stenar. På en fyrkantig, vit, virkad duk står ett gult stearinljus i en ljusstake av glas med kristallprismor hängande upptill i en krans, kristallprismorna förstärker ljusets sken. Den virkade duken ger uttryck för någon kvinnas skapelsekraft och alla hennes tankar finns invirkade i duken. Månfaserna inristade i en vit stenart som skurits ut till en långsmal, platt rektangel påminner om månens kraft i vattenelementet särskilt. En vacker liten fyrkant med ett broderi i ett geometriskt mönster med gula och olivgröna nyanser som jag fått av en vän som har sytt in många spännande funderingar i den lilla tyglappens alla stygn.

Mitt altare är ett vanligt hörnbord som står mellan mina soffor, flera av vad som just nu är mina magiska ting är samlade på dess yta. Bordet är ekorrbrunt och har fyra glasrutor infällda i bordsytan som har en list längs kanten vilket ger karaktären av ett brickbord. Möbeln är förhållandevis nytillverkad men i gammal stil, lite åt rokoko med svängda ben och köptes av en kvinna som annonserat på en second hand-sida, hemmahörande i ett radhus i utkanten av Norrköping, där bordet hämtades. Många av mina möbler är inköpta på loppis eller via andra secondhandmöjligheter, jag uppskattar historiken i dem och att de ger mitt hem karaktär. Solljuset eller månens ljus når inte fram till mitt altare, objekten förväntas ladda varandra med den gemensamma energi som de besitter. Om jag behöver extra energi till något föremål, eller rening, lägger jag dem i fönstret där direkt solljus kommer in på dagen, eller månljus på natten för att sedan kunna ladda upp det på altaret.

Hemmaaltaret är en skyddande och stödjande del av livet, en plats för att finna ro, fokus och andlig näring. Märkligt är att jag på mitt hemmaaltare även laddar min telefon och min lilla gammalrosa högtalare. Allt laddas så bra här tycker jag.

SPEGELN I KRISTALLSKÅLEN

Spegeln jag lagt i en skål med kristaller bidrar till att förstärka stenarnas energi och förtjänar därför ett eget omnämnande. Min lilla runda spegel är placerad på ett sådant sätt att den koncentrerar energin och fokuserar ett kraftfält vid mitt altare eftersom jag använder altaret för att ladda föremål med extra kraft och goda vibrationer.

Valet av riktning för spegelytan kan ha olika betydelser beroende på vad du vill uppnå. En spegelyta som är vänd uppåt kan hjälpa till att förstärka och reflektera energin från kristallerna utåt. Runt skålen och kristallerna skapas då ett starkare energifält. Om spegeln är vänd uppåt kan den absorbera ljus och skapa en reflekterande yta som förbättrar atmosfären kring, och synligheten av skålen med kristaller.

En spegelyta som är vänd nedåt kan hjälpa till att innesluta och koncentrera energin från kristallerna inom skålen, som skapar ett mer fokuserat och internt energifält. Om spegeln är vänd nedåt kan den fungera som en skyddande barriär, vilket kan förhindra negativa energier från att komma in i skålen och påverka kristallerna.

När spegeln är vänd ut mot rummet kan den reflektera och sprida energin från kristallerna ut i rummet, som skapar ett mer dynamiskt och expansivt energiflöde i hemmet. En spegel som är vänd ut mot rummet kan också reflektera ljus och bidra till att skapa en ljusare och mer öppen atmosfär. Den visuella effekten av kristallerna förstärks därmed och de blir mer framträdande i rummet. Om spegeln är vänd in mot hörnet kan den skapa ett mer fokuserat och koncentrerat energifält som kan hjälpa till att samla och förstärka energin från kristallerna. En spegel vänd in mot hörnet kan fungera som en skyddande barriär, vilket kan hjälpa till att förhindra negativ energi från att påverka kristallerna.

Om du också vill använda en liten spegel bland dina kristaller ska du känna efter vilken riktning som bäst harmonierar med dig och experimentera gärna för att se vad du tycker fungerar bäst. Riktningen som bäst förstärker hur du vill arbeta med kristallerna är rätt för dig.

Så klart har speglar en viktig roll i mitt hem och att hänga upp en spegel kräver extra eftertanke för att den ska hamna rätt. Speglar hängs där de kan förstärka energin av reflektionen. I min smala och ganska mörka hall är speglarna viktiga för att förstora utrymmet och ge en illusion av mer yta. I ett sovrum kan speglar vara helt felplacerade, då de kan ge intryck av att fler personer är med i sovrummet än vad som är tänkt och kan skapa oro och störa sömnen. Speglar kan användas för att förstärka en energi genom att reproducera energin som återspegling. En spegel kan helt enkelt förstärka intrycket av återspeglingen och därför tänker jag efter noga innan upphängning av speglar.

När jag hänger upp speglar i mitt hem förhåller jag mig till både estetiska och energimässiga aspekter. Hemma hos mig hänger speglarna helst där de kan reflektera något vackert, som en fin utsikt eller en vacker inredningsdetalj. Speglarna placeras så att de reflekterar naturligt ljus från fönster för att göra rummet ljusare, mer positivt och inbjudande. I vardagsrummet skulle jag behöva speglar för att förstärka den vackra utsikten utanför som innefattar vatten, men min nuvarande möblering utesluter den möjligheten. Valet av riktning för spegelytan kan ha olika betydelser beroende på vad du vill åstadkomma. Speglar hemma hos mig hänger inte där de kan reflektera något negativt, som en rörig arbetsyta eller en soptunna då återspeglingen kan förstärka den negativa energin i rummet. I sovrummet hänger en spegel på insidan av en garderobsdörr, men inga alls inne i rummet. Kanske är det lite för rörigt i garderoben, men rörigheten avspeglas ju bara inne i garderoben i mörkret. När jag behöver spegla mig ställer jag upp garderobsdörren och ser då samtidigt att någon måste röja ur och städa därinne. Lika bra att ha den stängd.

ATT TÄNDA ETT LJUS

Ljusen skapar behagliga energier

Tända ljus ger alltid fin atmosfär och hjälper mig också med fokus på vad jag vill uppnå vid meditation och inre resor. Ett vanligt vitt ljus ger mycket eftersom den vita färgen innehåller alla andra färger, men när jag vill ha lite extra hjälp med mina målsättningar och energi av ett visst slag från ljuset väljer jag ett med färg. Ljus med olika färger kan kombineras för att förstärka deras effekter. Ljusen tänder jag ibland enbart för att förhöja stämningen, med lite förstärkt energi utefter vilka färger jag valt på ljusen. Här kommer en liten ljusguide.

- Vita ljus används för helande, skydd, rening och andlig upplysning och kan även tändas för att rensa bort negativ energi.
- Röda ljus används för kärlek, passion, energi, styrka och mod och tänds för att öka fysisk energi och beslutsamhet.
- Rosa ljus används för vänskap, medkänsla och känslomässigt helande och kan också tändas för harmoni i relationer.
- Orangea ljus används för kreativitet, självförtroende och överflöd och tänds även för att attrahera framgång i projekt.
- Gula ljus används för intellekt, mental klarhet, kommunikation och glädje och kan tändas för att förbättra koncentration och hjälpa till med studier.
- Gröna ljus används för att balansera relationer och känslomässiga bindningar och tänds också för att attrahera finansiellt överflöd och harmonisk energi.
- Blå ljus används för fred, lugn, skydd och kan tändas för att skapa jordning och balans.

- Lila ljus används för andlighet, intuition, visdom och transformation och kan tändas för att förstärka andliga praktiker.

- Svarta ljus används för skydd, bortdrivning av negativ energi och avslutande av gamla cykler och mönster.

Hemma hos mig står ljusstakar i olika material och höjd med olika färger på ljusen. På mitt stora matsalsbord, som också är en plats för arbete och fritidsskrivande, står en hög och pampig tennljusstake med ett orange ljus som hjälper till med kreativiteten. Bredvid står ett rosa ljus i en betydligt lägre ljusstake i formen av ett kvinnohuvud. När jag tänder mitt rosa ljus får mina relationer lite extra positiv energi. Matsalens bord är centrum för umgänget och de båda ljusen fyller funktioner för både arbetet och umgänget. På vardagsrumsbordet som är i sten står ett gult ljus i en ljusstake tillverkat av en smal hög glasvas. Som hållare till ljuset har jag köpt en bronsblomma vid en konferensanläggning utanför Norrköping där gengångare sägs synas ibland i en av byggnaderna. Hörnbordet mellan sofforna är som sagt mitt hemmaaltare, där står ett gult ljus och bidrar till klarhet och tydlig kommunikation. I ett av mina höga fönster står två höga, smala golvljusstakar med varsitt vitt ljus som lyser ut mot världen utanför och renar allt som kommer in. I ett annat fönster hänger en rund cirkelljusstake av metall med ett orange ljus. Fönstret är beläget nära matsalsbordet och ger extra kreativitet. I lägenhetens tredje stora fönster i vardagsrummet står en stor golvljusstake som jag fått av familjen, den påminner mig om Dalarna där denna typ av smideshantverk är vanligt. Ett tjockt och högt altarljus står i den ljusstaken, som beskydd. I köket på mitt köksbord står ett svart ljus för att ge stöd för och påminna mig om att bryta gamla mönster och skapa nya vanor.

Mitt hem är laddat med färgade ljus, hemmaaltaret, solljuset och månljuset. Rökelsen tänder jag i vardagsrummet, i en fint sirad hållare av metall som ligger på ett stenbord, om jag inte bränner salvia, som läggs på mitt runda rosa fat. Bästa stunden för ljuständning och rökelsebränning är tidigt på morgonen då mörkret fortfarande råder ute. På sommarens ljusaste tid kan jag fyllas av energi av ett morgondopp ute i naturen i stället.

SIFFRORNAS MAGI-NUMEROLOGI

Även siffror har magiska harmonier

Inom numerologi äger varje siffra en specifik betydelse och energi som sägs kunna påverka olika aspekter av livet. Läran nämner olika vägar med egna nummer som blir intressanta vid utforskande av livets syfte, talanger och energin som omger oss. Livsvägens tal är signifikant och säger mest om min övergripande livsuppgift och de prövningar och möjligheter jag kommer att möta. Livsvägens tal följer med längs med hela livet som en konstant. Varje år i mitt liv är associerat med ett tal som har en specifik energi som kommer att påverka mig under året. Talet för året hjälper mig att förstå vad nuvarande år erbjuder i form av möjligheter och lärdomar. Självbildens tal hjälper mig att förstå min potential och mitt syfte i livet och ger en bild av de talanger och förmågor jag har och hur jag uttrycker mig i världen. Självmedvetenhetens tal är förknippat med mina drömmar, önskningar och drivkrafter. Utmaningarnas tal visar de hinder och utmaningar jag kommer att möta i livet, och hur jag kan växa genom dessa. Nedan följer en liten guide till siffrornas betydelse och vilket element de är förknippade med. Numerologin är inte alltid enkel och självklar och siffrornas magi blandas här med elementläran för att skapa mer förståelse kring betydelsen och hur balans kan eftersträvas och kanske uppnås genom användning av symboler och elementritualer. Siffrorna och symbolerna har fördelen att de kan användas i tryck på tyger, eller som talismaner i smycken. Du kanske kan komma på flera användningsområden?

Siffran ett representerar självständighet, ledarskap och att vara pionjär. Den första siffran handlar om att ta initiativ, starta upp och vara en föregångare och elementet eld samverkar hett med ettan som dessutom ingår i alla andra siffror med sin skaparkraft och sitt initiativtagande. En punkt eller en cirkel är ettans geometriska symbol. Mästarnumret elva representerar intuition, andlig upplysning och känslighet, och är mer esoteriskt än eldigt.

Siffran två representerar samarbete, balans och harmoni. Tvåan har också med partnerskap och relationer att göra. Vatten och vågskvalpande dualitet har en tydlig koppling till nummer två som söker harmoni mellan polerna, utjämning i polariteten. Linjen eller en våg är symbolen för två. Mästarnumret tjugotvå representerar byggare, stora visioner och manifestation, och har mycket med högre jord att göra.

Siffran tre representerar expansion, kreativitet, kommunikation och självuttryck. Trean handlar om att uttrycka sig och sina idéer och luftelementet bor och sprakar samt viner i trean och triangeln är symbolen. Mästarnumret trettiotre, två treor, representerar någon som är lärare, helande och högre medvetande. Dubbeltrean kan sägas handla om högre luft och har mycket av esoteriska element i sig också.

Siffran fyra representerar stabilitet, grundning och praktikalitet. Fyran ger struktur och elementet jord har med numrets ordning och reda i kvadratens fyra hörn att göra. I fyran ingår även två, så harmoni eftersträvas på ett naturligt sätt.

Siffran fem representerar frihet, idéer, intellektualitet, äventyr och förändring. Femman handlar också om att vara flexibel och anpassningsbar. Mental, det intellektuella elementet är förknippat med nummer fem, liksom pentagonen, eller den femuddig stjärnan.

Siffran sex representerar ansvar, vårdande och tjänande. Sexan vill ha en stor familj och även ta hand om andra utomstående. Hexagonen med sex kanter är den geometriska symbolen. Här talar vi om en högre nivå av harmonisökande vatten, även tre ingår med luftens energier som vill ha expansion. Ibland kan hexagoner synas i molnen, och de utgör en slags naturens byggstenar.

Siffran sju representerar analys, introspektion och andlig sökning. Sjuan är en spirituell siffra som handlar om att söka sanningen och förstå världen på ett djupare plan. Nummer sju kan vara manifesterad i en heptagon. Människor med denna siffra är intellektuella, fundersamma och kan ha en stark dragning till mystik och filosofi. Talet sju söker svar på livets stora frågor och har en naturlig förmåga att analysera och förstå komplexa idéer. Sjuan är förenat med inre reflektion och andlig visdom vilket ger en naturlig koppling till eterelementet, Akasha.

Siffran åtta representerar makt, framgång och materiell rikedom. Åttan ger stöd för ambition och att uppnå mål. Vi kan här tala om en högre aspekt av jord, det materiella är viktigt, liksom ekonomisk trygghet, som att bygga ett hus för att må bra på en plats i oändlighet, som också är symbolen för åttan.

Siffran nio representerar medkänsla, humanism, upplysning och avslut. Nian handlar om att ge tillbaka och avsluta cykler, som gör det till en kraftfull siffra för transformation. Nummer nio förknippas ofta med högre medvetande, transcendens och spiritualitet, som ett ombud för kontakt med andra världar eller det övermentala planet. Nian står för visdom, intuition och en universell förståelse som går bortom det materiella. Talets energi är som en bro mellan den fysiska världen och högre dimensioner. En cirkel inom en cirkel kan vara symbolen. Elementet är givetvis det övermentala.

Om du tycker att det är spännande med numerologi kan du börja med att analysera de siffror som är mest framträdande i din numerologiska profil, som ditt eget livstal, ödestalet och personlighetstalet. Varje siffra har sina unika kvaliteter, det kan vara bra att förstå vad de betyder för dig och hur de påverkar olika aspekter av ditt liv. Om du känner att vissa energier dominerar eller saknas, kan du balansera med andra siffrors energier. Om du har mycket eldiga energier, kan du arbeta med vattentalen och dess symboler för att skapa harmoni. Om ditt liv känns för jordbundet, kan du koppla in luftens kreativitet för att skapa rörelse. Visualisera de siffror du vill balansera och föreställ dig hur energierna integreras i ditt liv. Bär smycken eller talismaner med siffrorna eller deras geometriska symboler som påminnelse om energin de harmonierar med. Du kan skapa magiska ritualer där du arbetar med siffrornas energier. Skriv ner siffran du vill balansera på ett papper, meditera över betydelsen och bränn eller bevara papperet som en symbol för transformation. Du kan introducera siffror i ditt liv som fungerar som en motvikt. Exempelvis, om du har mycket eterisk energi, kan du balansera med jord för att grunda dig mer. Numerologi är en del av min fantastiska verktygslåda för personlig och spirituell utveckling.

I slutet av boken finns en tabell som stöd för dina numerologiska uträkningar.

Mitt namn är min borg

Genom att ge ett namn till ett objekt, en idé, ett väsen eller en känsla, konkretiseras dess form och riktning. Namnet fungerar som en kanal genom vilken jag kan relatera till och förstå föremålet eller platsen bättre och då klargörs dess identitet och mening.

Namnet fungerar som en bro mellan det okända, abstrakta och det kända, konkreta vilket gör verkligheten mer begriplig och möjlig att hantera. Dessutom uppstår en emotionell eller mental koppling och namnet ger spirituell kraft. I vissa fall, till exempel vid arbete med väsen eller kraftdjur, ses namnet som en nyckel som ger tillgång till och makt över den specifika energin.

Inom en del inhemska kulturer i Nordamerika har namn en mycket djup och betydelsefull roll. Namnen bär med sig en stark koppling till individens liv, relation till naturen, andlig väg och samhälle. Namnen som ges till en person kan spegla livserfarenheter, karaktärsdrag och drömmar. Vi vet ju att namn utdelas vid födelsen, men namn kan också förändras över tid för att återspegla individens utveckling eller andliga resa. I många stammar och traditioner finns specifika ceremoniella tillfällen när ett barn får sitt namn. Ceremonin är knuten till en andlig vägledning från förfäder, drömmar eller synkroniciteter i naturen. Namnet kan komma från en dröm, en visdom från naturen, eller genom en upplevelse som barnet genomgår. Namnet kan även ha nära band till djur, växter, landskap eller andra naturliga fenomen. Till exempel kan en person få ett namn som Varg, Örn eller Hjort, vilket reflekterar en andlig förbindelse med ett visst djur eller de egenskaper som dessa djur är en sinnebild för. Namnet kan symbolisera styrka, mod, visdom eller andra egenskaper som individen anses ha eller sträva efter. Namnen är inte bara individuella utan har också en social betydelse som indikerar den roll en person spelar i samhället och i förhållande till familj eller klan. Ett namn binder personen till stammen och förfäderna vilket fungerar som en påminnelse om ansvar gentemot sitt samhälle och ursprung.

Några exempel på fina och kraftfulla namn skulle kunna vara White Buffalo Calf Woman, en spirituell gestalt från Lakota-traditionen, associerad med frid och livskraft. Springande Vargen, ett namn för någon som anses vara snabb, modig och stark. Morgonstjärna, ett namn som kan associeras med hopp, ljus och förnyelse. Åskvigga, ett kraftfullt namn som kan användas för att beskriva någon med stor energi eller koppling till naturens krafter.

Namnet är en viktig del av individens identitet och kan vara en påminnelse om relationen till naturen, andliga källor och resan som görs genom livet. Namnet kan också ha kraften att forma människors öde och hur vi interagerar med världen runt oss. I de flesta samhällen respekteras och vördas namnen, och vanligt är att andlig vägledning, hjälp från förfäder eller naturliga krafter söks för att hitta ett namn som passar och bär med sig djup mening.

Att ge sig själv ett häxnamn är en handling som ger en djupare koppling till esoterisk praktik och ett sådant namn kan fungera som en källa till styrka, inspiration och skydd. Namngivningen av en häxa fungerar som en symbol för den transformation som sker vid inträde i den esoteriska världen och kan symbolisera en ny fas i livet eller en ny roll. Genom att ha ett häxnamn kan du uttrycka dig själv på ett djupt personligt sätt och namnet kan återspegla dina egenskaper, andlig väg eller krafter du vill komma i kontakt med. Ditt namn kan också vara anknutet till din relation med naturen, elementarväsen och förfäderna.

En andra identitet med ett häxnamn kan skapa en känsla av skydd eller stöd för att hålla häxlivet separat från sitt vanliga, vardagliga liv. Häxidentiteten, ger en möjlighet att separera sin häxvärld från den offentliga världen och därmed skydda sig från eventuella negativa energier eller intrång.

Vi häxor väljer namn som har en specifik symbolik, som ett namn relaterat till sagor och myter, en gudinna, ett element, ett djur eller en naturkraft som vi har känslor av stark förbindelse till. Namnet återspeglar den energi eller den kraft som vi vill kanalisera i livet. Till exempel kan ett häxnamn vara baserat på en symbol som representerar styrka, visdom, helande eller skydd.

Att välja sitt häxnamn kan vara en process som innebär reflektion över sina egna värderingar, önskningar och styrkor. Kanske kan kraftdjur eller elementarväsen stödja i ceremonin vid meditation och drömmar för att hitta ett namn som känns rätt. Att söka ett häxnamn kan vara en form av självupptäckt och ett sätt att fördjupa sin relation med sitt inre jag. Om du skulle vilja ha ett eget häxnamn kanske du kan välja ett namn inspirerat av ett djur eller ett väsen som har egenskaper du önskar dig, som exempelvis Korp för klarsynthet eller Varg för styrka och mod. Välj något från naturen, som ett träd till exempel Ask för styrka och förnyelse eller Pil för flexibilitet och visdom. Titta på gamla gudar, gudinnor, hjältar eller figurer från olika kulturer och mytologier som Merkurius, Afrodite och Isis. När du sätter ihop ord som har betydelse för dig kan en egen betydelse skapas, kanske genom att använda namn på platser eller element från dina egna drömmar, meditationer och upplevelser.

Mitt namn är Karina Lilla Räven även kallad Momah av en viss liten hund. Namnet kommer inte från någon särskild magisk tanke utan är bara en försvenskning av mitt riktiga födelsenamn. Den personliga kopplingen är tillräcklig för mig och jag gillar relationen till räven som jag har ett intressant möte med på en promenad i närområdet vid en av mina tidigare arbetsplatser. När jag från gångvägen tittar upp mot skogen till vänster ser jag ansiktet på en räv som tittar fram bakom ett stort träd. Jag stannar upp och ser fascinerat på räven, som nyfiket blickar tillbaka på mig. Våra ögon möts. Efter en stund går räven med sin fina, vitspetsade svans vidare uppåt skogen och jag vill inte utmana ögonblicket, som är en gåva från räven, genom att följa efter. Rävens nyfikna ögon är ett tydligt minne som passar bra ihop med mitt häxnamn. Svårare än så behöver det inte vara. Häxnamnet använder jag som dekor på min trollstav, eller när jag som nu ska skriva en bok om magi. Då häxkonst fortfarande kan anses vara suspekt verksamhet föredrar jag att använda mitt häxnamn i stället för att visa mitt officiella namn för att skydda min integritet. Som offentlig individ vill jag verka lagom häxig, eller bara läcka lite till invigda och de närmaste.

Räven är ett fascinerande djur som kan vara bärare av flera element beroende på dess egenskaper och symbolik. Räven är känd för sin listighet, intelligens och snabba tänkande vilket är egenskaper som kan kopplas till luftelementet. Rävens förmåga att observera och anpassa sig snabbt till olika situationer är också typiska egenskaper för luft. Räven kan hjälpa till med kreativa lösningar på problem och lära mig att använda intelligensen för att övervinna hinder och navigera genom svåra situationer. Rävens anpassningsförmåga och koppling till naturen kan associeras med jordelementet, liksom rävens förmåga att skydda sig själv och sina nära och kära. Rävens mod och viljestyrka att överleva och överlista sina fiender kan också ses som egenskaper för eld. Som kraftdjur kan räven hjälpa sin människa att bli mer flexibel och anpassningsbar i sitt eget liv och lära ut hantering av förändringar och anpassning till nya omständigheter med lätthet. Nu har jag ju redan ett lejon som är ett tydligt kraftdjur, samtidigt har räven påverkat mig genom att finnas i mitt namn. Rävar är mycket observanta och medvetna om sin omgivning, som ett av mina kraftdjur kan räven hjälpa mig att bli mer uppmärksam och medveten om vad som händer runt omkring och lära mig om sin observationsförmåga och att se detaljer som andra kanske missar. Rävar är också kända för att vara försiktiga och skyddande. Som kraftdjur kan räven hjälpa till med försiktighet och skydd för mig och mina nära och kära samt lära ut av sin vaksamhet och hur faror kan undvikas. Trots sin listighet och försiktighet är rävar också lekfulla och fulla av liv och kan som kraftdjur hjälpa till med att hitta glädje och lekfullhet i livet och lära mig att njuta av livet och hitta balans mellan arbete och lek. Tack räven!

Djur kan vara fantastiska kommunikatörer och genom att anpassa mitt sätt att prata och interagera med dem skapas ett starkt och kärleksfullt band. Det är helt naturligt! Hundar är sociala djur och älskar att interagera med sina ägare. Genom att prata med min hund stärks bandet mellan oss och främjar en känsla av trygghet och gemenskap. Kontinuerligt prat med mina husdjur skapar en stark relation. Hundar är väldigt lyhörda för mänskligt språk och kroppsspråk. Ju mer jag pratar med min hund och spenderar tid med den, desto bättre lär den känna mitt sätt att kommunicera och mina signaler. Genom att prata med min hund skapas en djupare anknytning och hunden lär sig att förstå mina vanor och rutiner bättre. När jag ofta använder samma ord och fraser, lär sig hunden vad de betyder. Hundar är bra på att associera ord med specifika handlingar eller objekt. Ett enkelt och självklart exempel, om jag säger Mat varje gång maten ställs fram, kommer hunden att förstå vad Mat betyder. En helt vanlig hund kan lära sig mellan 200-400 ord enligt senare tids forskning. Kom också ihåg att tjänstehundar kan känna om deras människa är på väg att få exempelvis en insulinchock och kan varna för katastrofer långt i förväg. Djuren är så känsliga för vad som pågår i oss, att vi inte kan förstå ens hälften av deras förmåga. Var rädd om relationen med ditt husdjur, det handlar inte bara om ord. För en god relation talar jag alltid vänligt med husdjuren då hunden är känslig för röstens tonfall och kan urskilja om jag är glad, upprörd, lugn eller arg baserat på mitt tonläge. Att använda ett glatt och positivt tonfall när jag pratar med min hund hjälper honom att känna sig trygg och glad.

Hundar är experter på att läsa kroppsspråk. De observerar rörelser, gester och ansiktsuttryck för att förstå vad vi menar. Att kombinera ord med tydliga gester kan hjälpa hunden att förstå dig bättre. Katter kommunicerar mycket med kroppsspråk. Lägg märke till deras svansrörelser, öron och ögon. En avslappnad katt har en mjuk, långsam svansrörelse och halvslutna ögon. Långsamma blinkningar kan signalera till katten att du är vänlig och inte utgör ett hot. Prova att långsamt blinka mot din katt och se om den svarar på samma sätt. Fortsätt att prata med ditt husdjur och var uppmärksam på hur djuret reagerar och svarar. Att kommunicera med husdjuret kan vara ett roligt och givande sätt att fördjupa er relation och förbättra djurets förståelse av ditt språk och dina signaler och för dig att förstå hur ditt husdjur responderar och kommunicerar med dig. För djuren pratar tillbaka, om du väljer att lyssna kommer du att höra. Var också uppmärksam på husdjurens kroppsspråk och beteenden för att förstå hur de mår och vad de behöver.

När lille Hubbe, min dotters tempelhund, var hemma hos mig senast leker vi en stund med hans leksaker och han får sedan sitt ben av mig att sysselsätta sig med en stund själv medan jag lägger mig på soffan för att vila lite och lyssna på en bok. Hubbe tar då sitt ben i munnen och spatserar förbi mig samtidigt som han tittar på mig i sin ögonvrå, lite under lugg när han går förbi för att hoppa upp i soffan intill där han gömmer benet omsorgsfullt under en kudde. När han är klar signalerar han till mig att han är klar och att jag nu kan börja leta. Signalen är ett intensivt stirrande på mig, samtidigt som han sitter på ett markerande sätt bredvid sin gömma. Svaret från mig kommer lite sent för att jag först inte förstår vad han menar. Lite för sent tycker Hubbe som tar fram benet igen och hoppar upp där jag ligger för att i stället gömma det under filten bakom mina ben. När benet är ordentligt gömt igen tittar han på mig och signalerar igen

- Nu kan du leta!

Nu låtsas jag leta

- Var är benet, var kan det vara??

Hubbe sitter stilla och tittar nöjt på medan jag letar. Jag hittar benet under stor glädje från Hubbe! Han är mycket nöjd med att ha arrangerat en lek och att jag till slut förstår vad han vill. Han visar dessutom empati för mig och snälltolkar att jag inte genast letar som att jag nog inte förstår och behöver en enklare uppgift. Han är ju hund.

I Dalarna för ett antal år sedan besöker jag min far. Gästrummet på övervåningen i pappas lilla hus i skogen är mitt sovrum och jag vaknar av att någon pratar i köket och att en doft av kaffe och piprök når fram till min näsa. Klockan är runt fem på morgonen när jag går ner för trappen och hör för varje steg tydligare att pappa pratar med katten som nyss kommit in och vill ha mat. Pappa och hans katt verkar förstå varandra mycket bra och katten berättar för pappa var han varit och hur han mår denna morgon, genom små kurrande ljud, korta jamningar och strykningar samt ögonkontakt. Katten ger tydliga svar på pappas frågor, känslan av hemtrevlighet är stark och jag minns tillbaka till barndomen då vi har katt i hemmet. Vi barn lär oss att på ett naturligt sätt prata med katten, genom att göra som pappa. Vi ska visa katten respekt också, att vara djurvän är mycket viktigt i min familj. Även min faster pratar med vår katt då hon kommer på besök, alla åtta barnen till farmor och farfar har lärt sig konsten hemma.

Jag har alltid pratat med mina husdjur och upplevt att de svarar tydligt, traditionen har jag lämnat till mina egna barn som nu är vuxna. Lille Hubbe, som är min dotters hund, visar att han förstår vad jag säger, jag förstår då att min dotter pratar mycket med honom. Konstigare är att möta en hund eller katt som inte pratar med en, eller inte svarar på tilltal, vanan har då inte tränats in. Vid de tillfällena upplever jag att både djuret och människorna omkring går miste om någonting viktigt, en del av vardagsmagin. Jag rekommenderar därför starkt att du pratar med alla djur som du möter, de kan ha något viktigt att säga.

Att träffa sitt kraftdjur, eller totemdjur är en mycket personlig inre upplevelse. Dessa väsen är andliga vägledare och beskyddare som erbjuder stöd och visdom i vardagen. Du kan använda dig av olika metoder för att hitta ditt kraftdjur, börja med att skapa en lugn miljö och meditera, hitta en tyst plats där du kan sitta ostört. Tänd ljus eller rökelse om du behöver hjälp att slappna av, slut ögonen och ta några djupa andetag. Visualisera dig själv i en naturlig miljö, till exempel i en skog, på en äng eller vid en sjö. Öppna upp för mötet genom att säga att du vill träffa ditt kraftdjur. Var öppen för vad som än kommer till dig och håll tankarna positiva. Var nu observant och lägg märke till om ett djur dyker upp i din visualisering. Djuret kan komma nära dig, observera dig på avstånd eller på annat sätt göra sin närvaro känd. Kommunicera med kraftdjuret om du skulle möta ett, var respektfull och tacka djuret för kontakten. Du kan också ställa frågor eller be om vägledning. Fråga vad djuret heter, svaret kan komma till användning senare när du ska försöka förstå djuret och dess betydelse för dig. Du kan också möta ditt kraftdjur genom att drömma. Tänk innan du går till sängs att du vill träffa ditt kraftdjur i dina drömmar. Ha en drömdagbok vid sängen och skriv ner alla drömmar du minns, särskilt de som involverar djur. Om ett djur dyker upp i dina drömmar, försök tolka betydelsen och vilken visdom djuret kan erbjuda dig. Genom att tillbringa tid i naturen kan du också träffa ditt kraftdjur. Var uppmärksam på djuren omkring dig och notera vilka djur du ser vid upprepade tillfällen eller känner dig särskilt dragen till. Om ett specifikt djur upprepade gånger dyker upp i ditt liv generellt sett, antingen i naturen, i bilder och symboler eller i andra former, kan du ha mött ditt kraftdjur. För att veta om djuret du mött är ditt kraftdjur kan du helt enkelt fråga

- Är du mitt kraftdjur?

Och avvakta vilket svaret blir. Kraftdjuret kan vara ett helt vanligt djur av vilken art som helst, samtidigt kan även mytiska djur från sagor och sägner dyka upp. Be därför om namnet för att underlätta för dig att lära känna djuret och dess egenskaper. När du väl träffar ditt kraftdjur, var tacksam och respektfull för dess närvaro och vägledning. Ditt kraftdjur kan vara en värdefull följeslagare och stöd på din andliga resa.

Mitt kraftdjur är en stor och myndig lejonhanne med en gigantisk hårman och isbjörnsliknande jättetassar. Han är lugn, upprörs aldrig och skrämmer mig inte, utan jag upplever bara lugnet som han sprider. Lejonet tillåter att jag rör vid honom, som jag rör vid husdjuren, och han kan hjälpa mig att göra inre resor. Han håller mig sällskap, numera behöver jag bara tänka på honom så dyker han upp vid min sida eller strax bakom mig. Första gången jag mötte honom var i en meditation för några år sedan och inget annat kraftdjur har visat sig för mig sedan dess. När jag frågar honom om hans namn flera år efter vårt första möte svarar han

– Ashtar.

– Sa du Ashtan?

- Nej, Ashtar, säger han och rullar lite extra på r:et.

Han pratar genom att se på mig, i en slags tankeöverföring, samtidigt säger han inte särskilt mycket, han förmedlar mest en känsla av trygghet. Ashtar ger mig mod och styrka, och jag upplever också beskydd. Han reser med mig i mina meditationer och känns av även i den vanliga vardagen mer och mer.

Lejonet är ett kraftfullt totemdjur med en rik symbolik som ju är känt som savannens konung och symboliserar enorm styrka, mod och ledarskap. Som kraftdjur kan lejonet ge mig styrka att övervinna hinder och mod att ta itu med problem. Lejonet utstrålar självförtroende, auktoritet och står vid min sida och hjälper mig att bygga upp mitt eget självförtroende och självkänsla samt ger mig skydd mot negativa energier och faror. Lejon lever i flockar och har starka familjeband, de uppskattar lojalitet och samarbete och uppmuntrar mig att värdera och stärka mina relationer med nära och kära. Lejonet är ett stolt djur som symboliserar en hälsosam stolthet över mig själv och mina prestationer. Lejonet är kungligt och majestätiskt vilket kan ge en känsla av att vara mäktig och ädel och påminna mig om att omfamna min egen inre storhet och värdighet.

Ett kraftdjur som lejonet kan vara i förbund med ett eller flera element beroende på dess egenskaper och symbolik. Lejonet symboliserar styrka, energi, och mod, vilket är egenskaper förknippade med eldelementet. Precis som eld är lejonet ombud för passion och viljestyrka samt en naturlig ledarförmåga. Lejonet är ett starkt och kraftfullt djur som är djupt förankrat i sin omgivning. Lejonets egenskap som beskyddare av sitt territorium och sin flock kan associeras med jordens skyddande och grundande krafter. Lejonet är också känt för sin klarsyn och sitt överlägsna sinne, vilket kan kopplas till luftelementet och dess egenskaper av intellekt och kommunikation. Även om lejonet främst associeras med eld och jord, kan också en viss koppling till vattenelementet finnas genom dess styrka i relationer och känslomässiga band till sin flock. Då kraftdjuren existerar i den andliga världen lägger jag till eter och övermentalt element också.

Mytisk koppling kan exempelvis vara Gudinnan Inanna som har ett lejon som följeslagare, hon är Gudinna Över Allt och kan associeras med eldelementet i många delar. Inanna är en av de mest framstående gudarna i den mesopotamiska mytologin, hon är gudinnan för kärlek, krig, fruktbarhet och kallas för Himlens Drottning. Hon är associerad med romantiska relationer samt fortplantning samtidigt är hon också en krigsgudinna och symboliserar styrka, mod och militär makt. Hon sammankopplas med himlen och planeten Venus. Vår gudinna har ett lejon som symbolisk följeslagare som förstärker hennes styrka och mod. Lejonet ses ju som en symbol för kunglighet, makt och beskydd, vilket förstärker Inannas status som en mäktig gudinna. I många avbildningar visas hon stående på ryggen av ett lejon eller tätt åtföljd av lejon, vilket ytterligare förstärker hennes dominans och styrka. Hennes association med lejonet är ett tydligt exempel på hur hennes kraft och auktoritet visualiseras. Inannas kraftdjur är ett mäktigt lejon, vilket gör henne stark och modig i sitt ledarskap och förstärker henne i eldelementet.

Genom att arbeta med lejonet som mitt kraftdjur nyttjar jag dess mäktiga energi och visdom för att stärka mitt eget liv. Efter en stunds avslappning och meditation visualiserar jag djuret vid min sida och fokuserar då på de egenskaper jag vill införliva i mitt liv. Mitt hem är fyllt av symboler av lejonet som smycken, konstverk eller skulpturer och jag gör dagliga reflektioner över hur lejonets egenskaper kan vägleda mig i mina beslut och handlingar.

Du kan också meditera över djuret som kommit till dig och blivit din egen följeslagare. Vilket är ditt kraftdjur och vad symboliserar djuret? Vad kan dessa egenskaper ge dig i ditt liv? Lycka till med att finna ditt eget kraftdjur, du kommer inte att bli besviken. Var nyfiken och ställ frågor till djuret. Utforska symboliken av djuret och mytologiska kopplingar för att fördjupa kunskapen och relationen till detta spännande väsen.

Elementen är grundläggande inom många andliga och esoteriska traditioner. Läran om elementen kan användas för att förstå och balansera olika aspekter av livet och det inre jaget. Kanske lite överkurs, men bra att känna till i hushållsmagin eftersom kopplingar kan göras till astrologi, numerologi, feng shui och filosofi samt vanlig KBT. Allt är uppbyggt av elementen och inom esoteriska traditioner finns mer kunskap att hämta, jag skrapar bara på ytan.

I bland kan vi behöva reflektera över om vi har fastnat i ett element, fått ett överskott och behöver balans för att komma vidare. Även underskott av ett element kan förekomma hos människor. Själv har jag upplevt tydliga överskott av eldelementet och har behövt balansera min kommunikation med människor, jag har då tänkt att alla inte är bekväma med lejonets styrka. Elementarväsen som representanter för de olika elementen är lite extra intressanta och kan kontaktas via meditation och drömmar för att uppnå balans och harmoni samt för att inhämta kunskap. Det fungerar på samma sätt som vid kontakt med kraftdjur, du bjuder in. I magiska och spirituella traditioner används kontakt med elementarväsen för att arbeta med naturens kraft eller förstå universums energier. Dessa väsen hjälper oss att få balans och harmoni mellan det materiella och det spirituella. Här kommer en liten elementguide. Först de klassiska elementen, jord, vatten eld och luft.

Jord

Jag är lugn och centrerad

Jord, även kristall, bär på egenskaper som stabilitet, grundning, praktikalitet, tidseffektivitet, praktiska färdigheter och fyrkantighet. Jord är också kopplad till tillväxt och överflöd, ger näring åt växter och grödor samt symboliserar fruktbarhet och rikedom. Det något fyrkantiga elementet har en framträdande roll i fysisk materia, pålitlighet, trygghet, rutiner och säkerhet. Jord är elementet som är mest förknippat med kroppen och fysiskt plan.

På människokroppen företräds jordelementet främst av fötterna men också tummarna. Inom elementläran är jordfärgen märkligt nog blå och inom numerologin är siffran fyra, kvadraten är dess geometriska form. Astrologiska tecken för jord är Oxen, Jungfrun och Stenbocken, och jord har en egen planet i Saturnus med alla sina ringar. Jordens elementarväsen är gnomer eller andra små varelser som lever i eller skyddar marken och stenar. Jordelementet uppmanar oss att vara realistiska och fokusera på konkreta mål och hålla oss till verklighetsanknutna handlingar. Om vi inte känner oss förankrade i verkligheten behöver vi jordas.

Ett kraftdjur i jordelementet är björnen som symboliserar styrka, stabilitet och förmågan att vara grundad. Den är också förknippad med mod och självförtroende, vilket är egenskaper som jordelementet främjar. Andra kraftdjur som kan symbolisera jordelementet är tjuren som symboliserar styrka, uthållighet och beslutsamhet. Elefanten som står för visdom, stabilitet och en stark koppling till jorden. Sköldpaddan med sin långsamhet, tålamod och en djup förbindelse med jorden. Flodhästen kan också vara ombud för jordelementet. Flodhästar är starka djur som har en nära koppling till både vatten och jord. De symboliserar stabilitet, styrka, lugn och en djup förbindelse med naturen.

Om du har för mycket jord kan du känna dig oförmögen att göra framsteg, som att du liksom sitter fast i vanor, gamla strukturer eller en situation. Jordöverskottet kan ge för mycket fokus på materiella och praktiska aspekter av livet, med liten eller ingen plats för kreativitet eller andlighet. Du kan uppleva en stark önskan att kontrollera omgivningen och bära på en rädsla för förändring eller osäkerhet. Vid överskott kan du uppleva tyngd, trötthet eller andra kroppsliga symptom som speglar en överdriven koppling till fysiska och materiella aspekter. Ansvar och plikter kan kännas överväldigande då en tendens att ta på sig för mycket ansvar kan uppstå när du fastnat i jorden.

Överskottet på jordenergi kan balanseras genom att använda energier från andra element. Principen gäller även för överskott i de andra elementen, aktiviteterna för balansering nedan upprepas därför eller är snarlika. Att vara jordad är alltid viktigt.

Regelbunden fysisk aktivitet som promenader, yoga eller dans kan hjälpa till att bryta stagnation och främja rörelse. Du kan även utforska nya platser, aktiviteter eller hobbyer för att bryta gamla mönster och införa fräsch energi för att främja passion och transformation. Tänd ljus eller ha en eldritual för att inspirera till förändring och för att stimulera intellekt och kommunikation, använd rökelse, öppna fönster för frisk luft, eller gör andningsövningar. För att främja känslomässig rörelse och rening kan du ta ett bad, spendera tid vid vattendrag eller praktisera vattenbaserade ritualer. Fokusera på meditation som stimulerar de andra elementen och visualisera energi som flödar fritt genom ditt system. Släpp taget och lita på att även andra kan ta ansvar. Reflektera över känslor och tankar genom att skriva dagbok. Skrivande kan hjälpa till att identifiera områden där jordenergin är för dominant och du kan skapa anpassade affirmationer som hjälper till att bryta mönster. Ägna tid åt konst, musik, skrivande eller andra kreativa uttryck för att frigöra och balansera energi. Spendera tid med vänner och familj, delta i sociala aktiviteter och dela idéer och tankar för att bryta isolering. Rensa och organisera hemmet för att skapa en mer balanserad och flödande energi och använd naturliga material och färger som främjar en harmonisk och balanserad miljö. Använd affirmationer för andra element som du vill stärka med.

Vatten

Jag skapar harmoniska relationer

Vattenelementet har egenskaper som känslor, intuition, flöde, helande och rening. Vatten är ett flytande och anpassningsbart element som är förenat med vårt emotionella liv och färgen är främst grön. Astrologiska tecken är Kräftan, Skorpionen och Fiskarna och månen har tydlig makt i vattenelementet. Siffran två och en linje eller en vågad linje är viktiga vattensymboler. På människokroppen har vatten betydelse för vaderna och vice versa, men även muskulaturen generellt sett, liksom pekfingrarna. Elementet vatten associeras med det undermedvetna och emotionella och används i ritualer för att rensa bort negativ energi och skapa ett rent och friskt utrymme. Vatten uppmuntrar oss att vara flexibla och att följa livets naturliga flöde och lär ut anpassning till förändringar och att vara öppna för nya möjligheter. Kraftdjur kan vara ormar, fiskar, sälar och andra marina däggdjur som valen som har kontakt med djup visdom, känslomässig balans och kommunikation. Valar är majestätiska och har en stark koppling till havets djup, vilket gör dem till en kraftfull symbol för vattenelementet. Sjöhästen som står för tålamod, skydd och intuition är lugn och rör sig graciöst genom vattnet, vilket speglar vattenelementets flöde och flexibilitet. Delfinen som symboliserar lekfullhet, healing och högre medvetande är kända för sin intelligens och förmåga att kommunicera, vilket gör dem till en stark representant för vattenelementet. Grodan som står för transformation, rening och känslomässig healing lever både i vatten och på land, vilket gör dem till en symbol för övergång och förändring. Vattenelementets elementarväsen är näckens musikaliska andar, sjöjungfrur, eller vattennymfer som är förknippade med sjöar och hav.

Överflöd av vattenelementet kan ge upplevelser av starka känslor som är svåra att kontrollera, till exempel överdriven sorg, ilska eller rädsla. Känslorna kan vara väldigt flyktiga och stora svängningar i emotionerna kan upplevas.

Du kan vara överdrivet känslig för andras emotioner och energier, vilket kan kännas överväldigande. Passivitet och oförmögenhet att vidta åtgärder eller göra framsteg kan leda till en känsla av stagnation. Tendenser att dagdrömma eller vara i ett drömliknande tillstånd, kan skapa svårigheter att fokusera på verkligheten. Du kan balansera och frigöra dig från överdriven vattenenergi genom att engagera dig i jordande aktiviteter som trädgårdsarbete, plantering, promenader i naturen eller yoga för stabilisering och förankring av energi. Planera och organisera för att få en bättre kontroll över livet och aktiviteterna genom att skapa och upprätthålla dagliga rutiner som ger struktur och stabilitet. Rutinerna kan hjälpa till att motverka känslan av kaos och överväldigande känslor. Använd eldens energi för att ge kraft, passion och motivation till de jordande aktiviteterna. Tänd ljus, meditera med eld eller delta i aktiviteter som inspirerar. Använd luftens energi för att främja klarhet, logik och objektivitet. Praktisera djupandning, vistas i frisk luft och utför mentalt stimulerande aktiviteter. Kanalisera känslor genom konst, musik, skrivande eller andra kreativa uttryck som hjälper till att bearbeta och förstå känslor. Prata om känslor med vänner, familj eller en terapeut för att bearbeta och få perspektiv. Praktisera mindfulness och närvaro i nuet för att få bättre kontroll över känslor och tankar. Meditera för att lugna ditt sinne och balansera känslorna, visualisera stabila och jordande bilder under meditationen. Balansering av vattenenergin kan hjälpa dig att skapa en mer stabil och harmonisk tillvaro.

Eld

Jag har kraft och mod att förändra

Eld har egenskaper som energi, transformation, passion, mod och livgivande. Eld finns i styrka, förändring och viljekraft och är förknippad med sexualdrift. Eld är ett dynamiskt och kraftfullt element som står för omvandling som både kan skapa och förstöra, och symboliserar förnyelse. Eld är ett element av drivkraft och motivation som inspirerar oss att följa våra drömmar. På människokroppen ansluter främst elden på ett naturligt sätt till reproduktionsapparaten, men också till långfingrarna. Färgen är främst röd, siffran är ett och dess form är punkten, cirkeln. Astrologiska tecken med eld är Väduren, Lejonet och Skytten och solen är en stark representant för eld. Eldelementet uppmuntrar oss att möta utmaningar och att stå upp för oss själva. Elementarväsen är salamandrar, som sägs bo i eldens essens och kan vara både destruktiva och kreativa.

Överskott av eldelementet kan märkas genom känslor av lättretlighet, otålighet eller aggressivitet och små saker kan snabbt tända till ilska. Du har en upplevelse av konstant rastlöshet, överdriven aktivitet och en känsla av att alltid behöva göra något. Överskottsenergin spretar, vilket ger svårigheter att fokusera på en uppgift eller avsluta projekt. Ett starkt inflytande av eldelementet kan leda till impulsiva, ogenomtänkta beslut och handlingar utan tanke på konsekvenserna. Upplevelser av fysiska symptom som hög kroppstemperatur, inflammationer eller sömnproblem kan också förekomma. Kraftdjur i eldelementet, utöver lejonet som presenteras särskilt, tigern som symboliserar mod, styrka och viljestyrka. Tigern är känd för sin kraftfulla energi och förmåga att övervinna hinder. Drakar är mytologiska varelser som associeras med eld och har förmågan att förvandla och skapa förändring. Fågel Fenix som symboliserar återfödelse, transformation och odödlighet. Fenixen är en mytologisk fågel som brinner och återföds från sin egen aska, vilket gör den till en stark representant för eldelementet. Vargen som företräder passion, instinkt och styrka är känd för sin intensiva energi och förmåga att överleva i tuffa miljöer.

Du kan balansera och frigöra dig från överdriven eldenergi genom att spendera tid vid vatten, ta långa bad eller simma för att svalka och lugna eldenergin. Att hålla sig hydrerad genom att dricka mycket vatten, hjälper till att balansera den inre energin. Spendera tid i naturen, gå barfota på marken eller arbeta med jord i trädgården eller bara plantera växter hemma för att grunda och stabilisera sig. Grundningsmeditationer hjälper till med känslor av förankring och centrering och balansering av alla element. När du fokuserar på långsamma, djupa andetag som ger avslappning får sinnet ro. Utför ritualer som inkluderar vatten och jord för att balansera eldenergin. Exempelvis kan ett rituellt altare med elementens representationer skapas och användas för att kalla in balans, även ett vanligt hemmaaltare kan användas förstås. Använd affirmationer som fokuserar på lugn, balans och harmoni. Ägna tid åt konstnärliga uttryck som målning, skrivande eller musikskapande för att kanalisera och balansera din energi. Lugnande fysiska aktiviteter som yoga eller tai chi hjälper till att jämna ut energin. Att arbeta med och balansera eldenergin kan hjälpa dig att återfå balans och harmoni i livet. Genom att kombinera dessa tekniker kan du hitta sätt att lugna ner och fokusera eldenergin på ett konstruktivt sätt.

Luft

Min tanke är fri

Luft har egenskaper som intellekt, rörlighet, frihet, oberoende, expansion, utveckling och lärande. Luft har lätthet, rörlighet, tanke, kommunikation och kunskap i sitt fält. Luft är associerad med klarhet och insikt vilket hjälper dig att få perspektiv och att se saker från olika vinklar för att förstå samt att uttrycka sig rationellt. Färgen är orange och siffran är tre, en geometrisk form som kan kopplas till luft är triangeln. Astrologiska tecken för luft är Tvillingarna, Vågen och Vattumannen och den högljudda planeten Uranus symfonierar i luftelementet. På människokroppen är huden i luft, också ringfingrarna och jag vill även nämna den viktiga sköldkörteln som är belägen i halsen. Elementet uppmanar oss att vara öppna, utforska och sträva efter att frigöra oss från begränsningar. Kraftdjur kan vara olika fåglar som örnen som symboliserar vision, frihet och högre perspektiv. Örnar är kända för sin skarpa syn och förmåga att sväva högt i himlen, vilket speglar luftelementets egenskaper. Falken den skickliga jägaren med sitt fokus, sin snabbhet och precision, med förmåga att snabbt ändra riktning i luften som gör den till en stark symbol för luftelementet. Fjärilen som står för transformation, lätthet och skönhet. Kolibrin som symboliserar glädje, energi och uthållighet. Kolibrier är små men kraftfulla och deras snabba vingslag och förmåga att sväva på stället gör dem till en representation av luftelementets dynamik. Ugglan som traditionellt står för visdom, intuition och klarhet. Ugglor är nattaktiva och deras tysta flykt och skarpa syn gör dem till en symbol för luftelementets intellektuella och intuitiva aspekter. Luftelementets elementarväsen är sylfer eller älvor som dansar i vinden och ibland styr atmosfäriska fenomen.

Vid överskott av luft kan du ha upplevelser av konstant tankeflöde, överanalys och svårt att stänga av tankarna kan leda till oro och ångest. Svårigheter att fokusera på en uppgift eller att slutföra projekt eftersom uppmärksamheten ständigt skiftar. Känslor av mental utmattning eller överstimulans kan påverka förmågan att tänka klart. Tendenser att intellektualisera känslor och undvika att verkligen känna och bearbeta dem. Svårigheter med att uttrycka sig tydligt eller att lyssna aktivt på andra. Även utveckling av eksem, eller andra hudåkommor samt problem med sköldkörteln eller andra hormonella problem kan förekomma.

Människor kan balansera och frigöra sig från överdriven luftenergi genom att engagera sig i jordande aktiviteter som även tidigare beskrivits, att gå barfota på marken, trädgårdsarbete eller ta naturpromenader för att stabilisera och centrera energin. Delta i yoga, tai chi eller andra jordande fysiska övningar som hjälper till att balansera sinne och kropp. Ta långa, avslappnande bad eller spendera tid vid vattendrag för att lugna sinne och känslor. Känn och bearbeta känslor genom att praktisera emotionella uttryck och reflektion. Använd eldens energi för att fokusera och rikta mental kraft. Tänd ljus och meditera på eldens flamma för att skapa koncentration och beslutsamhet. Använd kreativa aktiviteter som målning, skrivande eller musik för att omvandla och kanalisera mental energi.

Skapa och följ dagliga rutiner som ger struktur och hjälper till att organisera tankar och aktiviteter. Använd listor, kalender och planeringsverktyg för att hålla fokus och undvika splittring. Praktisera mindfulness och närvaro i nuet för att minska oro och hyperaktivitet i tankarna. Regelbunden meditation kan hjälpa till att lugna sinnet och skapa inre ro.

Skapa en jordande ritual genom att tända ett ljus, placera fötterna barfota på jorden, ställ en skål med vatten framför dig, och ta några djupa, medvetna andetag. Visualisera att onödig mental energi släpps ut och ansluter till jordens stabilitet. Att arbeta med och balansera luftelementet kan hjälpa dig att uppnå ett mer harmoniskt och fokuserat mentalt tillstånd.

Nu tar vi de Esoteriska Elementen.

Allt hänger ihop och jag är en del av det

Eter (Akasha) har egenskaper som enhet, kommunikation, kosmisk samhörighet och universell medvetenhet. Eter är elementet som anses binda ihop de andra elementen och utgör därför ett andligt och universellt medvetande. Eter associeras med själen, färgen är gul och siffran är sju. Planeten Merkurius fungerar i eter och anses vara en budbärare. På människokroppen är eter ett gult fält kring hela kroppen som ger kroppens kontur, men även vissa kroppsdelar kan vara bärare av eter som armar, lillfingrar och lilltår samt ansiktet och öronen. Eter är också kopplat till Akashakrönikan, där alla händelser och erfarenheter i universum sägs vara registrerade. Eterelementets elementarväsen är stjärnvandrare som är mystiska varelser som rör sig genom galaxer och förbinder världar. Till eter hör även Aetheriska väktare som är energiformer som håller balansen mellan dimensioner och universums ordning. Även ljusandar, väsen gjorda av ren energi, som existerar mellan det materiella och det spirituella är väsen som hör till eter.

Ja, det är möjligt att känna sig överväldigad eller obalanserad av eterelementet, även om eter är mer subtilt och andligt än de klassiska elementen. Du kan känna en stark dragning till andliga eller mystiska upplevelser till den grad att förmågan att hantera vardagens praktiska och materiella aspekter påverkas. Du har tendenser att dra dig tillbaka från sociala sammanhang och relationer för att fokusera på inre upplevelser och meditation. Brist på jordning kan ge en känsla av att vara svävande eller att inte vara förankrad i den fysiska världen, vilket kan leda till svårigheter att hantera dagliga uppgifter och ansvar. Kan inkludera yrsel, huvudvärk eller andra symptom som speglar en obalans mellan kropp och ande.

Balans och frigörelse från överdriven eterenergi uppnås genom att delta i jordande aktiviteter som att gå barfota på marken, trädgårdsarbete eller att ta naturpromenader för att stabilisera och förankra energi. Yoga, tai chi och andra jordande fysiska övningar kan hjälpa till att balansera energi. Skapa och upprätthåll dagliga rutiner som hjälper till att hålla en balans mellan andliga och materiella aktiviteter. Fokusera på praktiska uppgifter och ansvar som ger stöd för att vara närvarande i nuet och förankrad i vardagen. Spendera tid med vänner och familj för att skapa en känsla av samhörighet och stöd och delta i sociala aktiviteter och håll kontakt med världen runt omkring. Dela tankar och upplevelser med andra för att få perspektiv och balans. Utför renande ritualer med vatten, som att ta långa bad eller spendera tid vid vattendrag, för att balansera energi. Praktisera meditationer som fokuserar på jordelementet och visualisera djup förankring i marken. Delta i kreativa aktiviteter som målning, skrivande eller hantverk för att balansera energi och omvandla andliga upplevelser till något konkret och praktiskt. Vi behöver hitta en balans som gör att vi kan vara både andligt och fysiskt närvarande.

Mental

Jag ser med det allseende ögat

Mentalt element har egenskaper som tanke, medvetande och mentala processer och är anknutet till den intellektuella och kognitiva aspekten av vårt väsen. Färgen är lila och siffran är nio och mentalelementet har släktskap med luft och siffran tre. Mentalelementet är anslutet till det tredje ögat i pannan.

Några tecken på överdriven influens av mentalelementet kan vara en upplevelse av konstant tankeflöde och svårt att stänga av tankarna, vilket kan leda till oro och ångest. Tendenser att överanalysera situationer och beslut, som kan leda till tvekan och beslutsångest. Tendens att intellektualisera känslor och undvika att verkligen känna och bearbeta dem. Känsla av att vara mentalt utmattad eller överstimulerad, vilket kan påverka förmågan att tänka klart. Det mentala elementets elementarväsen är tankens vävare, andar som formar och ordnar idéer till mönster och visioner. Drömvarelser som är kreativa energier som föds ur fantasins värld och styr inspiration. Orakelväsen, kloka entiteter som kan genomskåda tankemönster och ge insikter.

Människor kan balansera och frigöra sig från överdriven mental energi genom att delta i jordande aktiviteter som att gå barfota på marken, trädgårdsarbete eller naturvandringar för att stabilisera och förankra energi. Grundningsmeditationer hjälper till att få en känsla av förankring och centrering. Ta långa, avslappnande bad eller spendera tid vid vattendrag för att lugna sinne och känslor. Bearbeta känslor genom att praktisera emotionella uttryck och reflektion. Använd eldens energi för att fokusera och rikta mental kraft. Tänd ljus och meditera på eldens flamma för att skapa koncentration och beslutsamhet. Delta i kreativa aktiviteter som målning, skrivande eller musik för att kanalisera och omvandla mental energi. Skapa och följ dagliga rutiner som ger struktur och hjälper till med att organisera tankar och aktiviteter.

Använd planering och organisation för att hålla fokus och undvika splittring. Praktisera mindfulness och närvaro i nuet för att minska oro och hyperaktivitet i tankarna.

Regelbunden meditation kan hjälpa till att lugna sinnet och skapa inre ro. Skapa en jordande ritual genom att tända ljus, placera fötterna barfota på jorden, ställa en skål med vatten framför dig, och ta några djupa, medvetna andetag. Visualisera att överflödig mental energi släpps och ansluter till jordens stabilitet.

Övermental

Jag når högre dimensioner

Övermentalt element har egenskaper som högre medvetande, intuition, universell visdom och andlig klarhet och är länkat till de högre dimensionerna av vårt väsen och djupare förståelser. Svart och vitt som innehåller alla andra färger finns i det övermentala. Övermental sammankopplas med transcendens och att överstiga jordiskt och rationellt sinne. Att vara i kontakt med högre nivåer av medvetande och använda inre visdom och känslor för att förstå världen på djupare nivåer. Att få insikter och visdom genom andliga eller mystiska upplevelser och vara öppen för kosmiska och universella sanningar. Neptunus är kopplad till övermentalt element, planeten står för drömmar, intuition och mystik samt är känd för att öppna dörrar till andlig insikt och djupare förståelse. Det övermentala elementets elementarväsen är Dimensionella budbärare som är varelser som förmedlar universell kunskap och guidar själar genom existensens högre nivåer. Kosmiska visionärer, väsen som öppnar portar till djupare förståelse och universella sanningar. Himmelska arkitekter, andar som formar verkligheter och harmoniserar olika medvetandeplan.

Att fastna i det övermentala elementet kan leda till en obalans där individen är överdrivet fokuserad på högre medvetandetillstånd och andliga upplevelser, på bekostnad av att vara närvarande i den fysiska världen. Du kan känna en starkt dragning till andliga eller mystiska upplevelser, vilket kan påverka förmågan att hantera vardagens praktiska och materiella aspekter. Tendenser att dra sig tillbaka från sociala sammanhang och relationer för att fokusera på inre upplevelser och meditation. Känsla av att vara svävande eller att inte vara förankrad i den fysiska världen, vilket kan leda till svårigheter att hantera dagliga uppgifter och ansvar. Kan inkludera yrsel, huvudvärk eller andra symptom som speglar en obalans mellan kropp och ande.

Människor kan balansera och frigöra sig från överdriven övermental energi genom att delta i jordande aktiviteter som att gå barfota på marken, trädgårdsarbete eller naturvandringar för att stabilisera och förankra energi. Yoga, tai chi och andra jordande fysiska övningar kan hjälpa till att balansera energi. Skapa och håll dig till dagliga rutiner som hjälper till att hålla en balans mellan andliga och materiella aktiviteter. Fokusera på praktiska uppgifter och ansvar som ger stöd för att vara närvarande i nuet och förankring i vardagen. Spendera tid med vänner och familj för att skapa en känsla av samhörighet och stöd. Delta i sociala aktiviteter, håll kontakten med världen runt omkring. Dela tankar och upplevelser med andra för att få perspektiv och balans. Utför renande ritualer med vatten, ta långa bad eller spendera tid vid vattendrag, för att balansera energi.

Praktisera meditationer som fokuserar på jordelementet och visualisera djup förankring i marken. Delta i kreativa aktiviteter som målning, skrivande eller hantverk för att balansera energi och omvandla andliga upplevelser till något konkret och praktiskt. Genom att arbeta med dessa tekniker kan balans i den övermentala energin skapa en harmonisk integration av din andliga och materiella tillvaro.

AFFIRMATIONER, ATT LADDA SIG SJÄLV

Jag är en positivt laddad person

När du säger saker högt, som till exempel att ge någon eller något ett namn är det en magisk handling. Med orden kan du uttala vad du vill ha och behöver till den kraft/makt som sitter på resursen att uppfylla dina önskningar. Affirmationer fungerar genom att aktivera hjärnans neuroplasticitet, vilket innebär att hjärnan kan omorganisera sig genom att skapa nya neurala banor. När du regelbundet upprepar affirmationer, skapar du nya vägar för tankekopplingar som ersätter negativa tankemönster.

Genom att använda dig av affirmationer dagligen kan du förändra ditt tankemönster och öka din självkänsla över tid. Användning av affirmationerna bygger på tron att ord och tankar har en inneboende kraft att forma och förändra vår värld. Om vi aldrig uttalar vad vi önskar kommer önskningarna aldrig att slå in, om inte av en ren slump. Bättre då att uttala vad som ska komma i ens väg, då sänds en kraftfull signal till världen som får möjlighet att ge ett svar. Affirmationer används just därför många gånger i ritualer för att förverkliga önskningar. Genom att upprepa positiva fraser, som *Jag är stark och framgångsrik* eller *Jag attraherar kärlek och lycka,* uppstår goda möjligheter att påverka sitt undermedvetna och skapa en positiv förändring i sitt liv. Affirmationer kan vara ett verksamt sätt att konkretisera önskningar och mål. Samtidigt förändras negativa tankemönster. Du kan stärka din självkänsla genom att använda affirmationer.

Exempel på bra och stärkande affirmationer.

Jag är frisk och välmående.

Jag attraherar kärlek och harmoni.

Jag är framgångsrik och uppnår mina mål.

Mitt värde är samma som alla andras.

Jag är lugn och balanserad och agerar med värdighet.

Jag är stark och kapabel.

Jag attraherar positiv energi

Att använda affirmationer är ett effektivt sätt att bryta negativa tankemönster och skapa en mer positiv inställning. En effektiv affirmation bör innehålla vissa element och undvika andra för att vara så kraftfull som möjligt.

Affirmationen ska vara positiv och fokusera på mål du vill uppnå, inte på sådant du vill undvika. Formulera affirmationer i presens, som om målet redan är nått. Använd ord som *är, kan, gör, känner.* Inkludera en känsla för att förstärka affirmationens effekt, *Jag känner mig trygg och älskad.* Var specifik och tydlig med vad du vill uppnå. Undvik vaga eller allmänna påståenden. Upprepa affirmationerna regelbundet, helst flera gånger om dagen.

Affirmation bör inte innehålla negativitet. Undvik negativa ord och fraser som *inte, måste, bör, aldrig.* Undvik att formulera affirmationer i framtid, som *Jag kommer att bli lycklig*. Säg hellre *Jag är lycklig*. Undvik ord som uttrycker tvivel eller osäkerhet, som *Jag hoppas att jag kan,* använd i stället *Jag kan.*

Genom att upprepa positiva affirmationer varje dag kan du gradvis förändra ditt tankesätt. Välj att använda affirmationer som harmonierar med mål du vill uppnå och säg dem högt för dig själv varje morgon och kväll. När du skriver ner affirmationerna i en dagbok eller på lappar, som du kan placera på strategiska platser i ditt hem, hålls de levande i ditt medvetande. Koppla dina affirmationer till bilder. Visualisera hur du når dina mål medan du samtidigt upprepar dina positiva påståenden. Skriv ner dina affirmationer och ta med dem i mobilen, i väskan, i fickan eller placera dem på ditt skrivbord så att du kan lätt att se dem när du behöver en påminnelse. Omge dig med människor som stöttar ditt arbete med affirmationerna. Du kan alltså uttala affirmationerna högt, tänka dem och skriva ner dem. Du kan också använda dina positiva bilder av dig själv när du pratar med andra om dig själv.

Du kan bli medveten om vilket element du behöver stärka hos dig själv och få balans genom väl formulerade affirmationer. Du kan kombinera mellan elementen för att träffa riktigt rätt och uppnå dina önskemål. Om du vill skapa något ladda om affirmationen genom att lägga till *jag skapar...* Så här *Jag är lugn och ordningsam, jag skapar lugn och ordning.* Är du med?

För mer jord

Jag är lugn och ordningsam, jag skapar lugn och ordning.

Jag står med båda fötterna på jorden, jag skapar jordning.

Jag uppträder med värdighet och agerar eftertänksamt, jag skapar värdighet och eftertänksamhet.

Jag är stabil och trygg, som en stark ek skapar jag stabilitet och trygghet.

Jag är grundad och känner mig säker i mig själv, jag skapar självsäkerhet.

Jag är i harmoni med naturen och känner dess näring, jag skapar känslor av att vara ett med naturen.

Jag är tacksam för allt jag har och känner mig rik på livets gåvor, jag skapar egendom och rikedom.

Jag är lugn och stabil, som en berggrund skapar jag stabilitet och lugn.

Jag är här och tar plats, jag skapar mitt utrymme.

Jag är i harmoni med jordens energi och känner dess styrka, jag skapar styrka och harmoni med denna jord.

För mer vatten

Jag känner balans och harmoni, jag skapar känslor av balans och harmoni.

Jag attraherar den rätte, jag skapar rätt dragningskraft.

Mina relationer är goda, jag skapar goda relationer.

Jag är flexibel och anpassar mig lätt till livets förändringar, jag skapar mitt liv tillsammans med min omvärld.

Jag är lugn och fridfull, som en stilla sjö skapar jag lugn och fridfullhet.

Jag är en del av livets ständiga flöde och känner mig balanserad, jag skapar balans tillsammans med min omvärld.

Jag är i harmoni med mina känslor och låter dem flöda fritt, jag skapar fria flöden av harmoniska känslor.

Jag är öppen för njutning och glädje i livet, jag skapar njutning och glädje.

Jag accepterar och älskar min kropp fullt ut, jag skapar kärlek för min kropp.

Jag andas in lugn och andas ut stress, jag skapar ett lugn när jag andas.

För mer eld

Jag känner energi och agerar, jag skapar action.

Jag upplever kärlek, jag är älskad, jag skapar kärlek.

Jag är fylld av energi och passion, jag skapar energi och passion.

Jag har kraften att förändra mitt liv, jag skapar mitt eget liv.

Jag är modig och möter alla utmaningar med styrka, jag skapar kraftfulla lösningar.

Jag brinner för mina mål och uppnår dem med beslutsamhet, jag skapar min verklighet.

Jag är stark och uthållig, som en flammande eld skapar jag styrka och uthållighet.

Jag är kraftfull och självsäker, jag skapar styrka och självsäkerhet.

Jag har mod att följa mina drömmar, jag skapar min livsväg.

Jag är beslutsam och uppnår mina mål, jag skapar min livsväg.

För mer luft

Jag är värd all den kärlek och lycka som kommer i min väg, jag skapar vägar för kärlek och lycka.

Jag förlåter mig själv och andra för tidigare misstag, jag skapar lärande relationer.

Jag lär mig något av alla jag möter, jag skapar utveckling.

Jag är fri som vinden och rör mig lätt genom livet, jag skapar frihet och rörelse.

Jag är öppen för nya idéer och lär mig ständigt, jag skapar öppenhet och lärande.

Jag är flexibel och anpassar mig lätt till förändringar, jag skapar flexibilitet.

Jag är kreativ och mina tankar flödar fritt, jag skapar.

Jag är i harmoni med luftens energi och känner mig inspirerad, jag skapar i harmoni med elementen.

Jag är i kontakt med, och uttrycker mitt autentiska jag, jag skapar ärliga uttryck.

Jag är öppen för att ta emot och uttrycka kreativa idéer, jag skapar ihop med min omvärld.

De esoteriska elementen.

För mer eter

Jag uttrycker mig klart och tydligt, jag skapar klar och tydlig kommunikation.

Jag är öppen för att kommunicera min sanning, jag skapar sann kommunikation.

Jag lyssnar och blir hörd med kärlek och respekt, jag skapar respektfull kommunikation.

Jag är fri att uttrycka mina känslor och tankar, jag skapar fria uttryck.

Jag är öppen för universums visdom och vägledning, jag skapar i universum.

Jag känner mig länkad till kunskapen om allt levande och finner frid i denna enhet, jag skapar kunskap och frid tillsammans med allt levande.

Jag kommunicerar så att andra förstår, jag skapar respektfull kommunikation.

Jag tar in det nya, jag skapar öppna kanaler för nya idéer.

Jag kommunicerar med lätthet och självförtroende, jag skapar mina egna uttryck.

Jag talar sanning och står för mina övertygelser, jag skapar självsäker kommunikation.

För mer mentalt element

Jag litar på min intuition och inre visdom, jag skapar inre visdom.

Jag ser klart och tydligt, både inåt och utåt, jag skapar visioner.

Jag är öppen för universums vägledning och insikt, jag skapar i universum.

Jag är i harmoni med min andliga natur och känner mig upplyst, jag skapar upplysning och harmoni.

Jag är medveten om min inre styrka och potential, jag skapar inre styrka och potential.

Jag är ett med universum och känner dess energi flöda genom mig, jag skapar energi i universum.

Jag är i balans med min mentala och andliga existens, jag skapar balans i existensen.

Jag är tacksam för den universella kärleken som omger mig, som jag varit med och skapat.

Jag är i kontakt med min djupa visdom och insikt, jag skapar insikter och visdom.

Jag formulerar min väg framåt, jag skapar min livsväg.

För mer övermentalt element

Jag är ansluten till mitt högre jag, jag skapar kontakt med mitt högre jag.

Jag är öppen för helande meddelanden från högre dimensioner, jag helar i högre dimensioner.

Jag känner en djup koppling till varje aspekt av mitt liv, jag skapar självkännedom.

Mitt medvetande är gränslöst och expanderar ständigt, jag skapar ett gränslöst medvetande.

Jag är tacksam för den universella kärleken som omger mig, jag skapar kärlek i universum.

Jag är en andlig person, jag skapar andlighet.

Jag är en kanal för positiv energi och sprider ljus omkring mig, jag skapar positivitet och ljus i universum.

Jag är ett med universum och känner dess energi flöda genom mig, jag skapar universums energi.

Jag är i harmoni med min andliga natur och känner mig upplyst, jag skapar harmonisk, andlig upplysning.

Jag är i balans med min andliga och fysiska existens, jag skapar balans i existensen.

Om du vill ta arbetet med affirmationer ytterligare ett steg och göra en handlingsplan kan du lägga till *genom att ...* i slutet av varje affirmation skriver du vad du vill göra för att uppnå din vilja. I vissa fall kan målen uppnås av sig själv vid användning av den vanlig affirmationen, då handlingen skapas av tanken. När du ändrar tanken påverkas också handlingen. Du styr och skapar hela processen. Jag brukar tänka på vad en lugn och centrerad människa gör för att vara just lugn och centrerad. Säkert inte bara en sak. Varje affirmation kan ha ett mycket kraftfullt agerande i flera olika handlingar.

Processen skulle kunna se ut så här:

Jag är lugn och centrerad, jag skapar ett inre lugn genom att ta djupa andetag och fokusera på nuet.

Jag är lugn och centrerad, jag skapar ett inre lugn genom att spendera tid i naturen.

Jag är lugn och centrerad, jag skapar ett inre lugn genom att skriva ner mina tankar och känslor.

Jag är lugn och centrerad, jag skapar ett inre lugn genom att lyssna på avslappnande musik.

Jag är lugn och centrerad, jag skapar ett inre lugn genom att visualisera positiva och fridfulla bilder.

Jag är lugn och centrerad, jag skapar ett inre lugn genom att praktisera tacksamhet varje dag.

Ytterligare som kan vara intressant är att omgivningen reagerar annorlunda på om du sänder ut ett centrerat lugn eller något helt annat. Du vinner ett annat bemötande, som också ger helande och läkning, som ringar på vattnet.

Jag är lugn och centrerad, jag skapar ett inre lugn genom att ta djupa andetag och fokusera på nuet, vilket gör att andra människor känner sig trygga i min närvaro och bemöter mig med trygghet.

Jag är lugn och centrerad, jag skapar ett inre lugn genom att spendera tid i naturen, vilket gör att andra människor känner sig uppmuntrade att koppla av och njuta av naturen tillsammans med mig eller för sig själva.

Jag är lugn och centrerad, jag skapar ett inre lugn genom att skriva ner mina tankar och känslor, vilket gör att andra människor känner sig inspirerade att uttrycka sig själva och bemöter mig med nyfikenhet och öppenhet.

Jag är lugn och centrerad, jag skapar ett inre lugn genom att visualisera positiva och fridfulla bilder, vilket gör att andra människor känner sig upplyfta av min positiva energi och möter mig med positivitet.

Jag är lugn och centrerad, jag skapar ett inre lugn genom att praktisera tacksamhet varje dag, vilket gör att andra människor känner sig uppskattade och värdefulla och ger mig av sin tacksamhet.

När människor i din omgivning upplever dig som lugn och centrerad påverkar du dem i deras bemötande av dig, du har skapat din verklighet på ett mycket effektivt sätt.

Så, när du använder affirmationer och arbetar med att skapa ett inre lugn och positiv energi, tenderar andra människor att bemöta dig på ett mer positivt och respektfullt sätt. När du utstrålar självförtroende och inre frid, kommer andra att respektera dig mer och vara mer benägna att lyssna på dig. Din positiva energi kan smitta av sig på andra, vilket gör att de känner sig glada och upplyfta i din närvaro. När du är öppen och ärlig i din kommunikation, kommer andra att känna sig trygga att vara öppna och ärliga tillbaka. När du visar att du är lugn och centrerad, kommer andra att vara mer benägna att ge dig stöd och uppmuntran. Din förmåga att uttrycka dig klart och tydligt skapar en atmosfär av tillit, vilket gör att andra känner sig bekväma att dela sina tankar och känslor med dig. Genom att fortsätta använda affirmationer och arbeta med ditt inre lugn, kan du skapa en positiv och stödjande miljö omkring dig. Du skapar din egen värld, dig själv och andra människors bemötande.

ATT LADDA ETT FÖREMÅL MED SINA INTENTIONER

Föremålen arbetar för mig

Innan jag laddar ett föremål, renar jag det från tidigare energier i rinnande vatten, i rök från salvia, alternativt även i solljus/månljus. För att få fokus på min intention ordnar jag en lugn plats genom att tända ljus och rökelse, spela mjuk musik eller naturljud som till exempel ett stilla regn, och ser till att jag är ostörd.

Jag håller föremålet i mina händer och fokuserar genom att visualisera vad jag vill uppnå. Intentionen behöver vara tydlig och specifik och jag affirmerar högt eller tänker tyst för mig själv. Inom mig visualiserar jag en ljusstråle eller energi som strömmar från hjärtat, genom händerna och in i föremålet. Jag känner hur energin fyller föremålet med min vilja och jag litar på min egen kraft och känsla. Ibland upprepar jag positiva affirmationsord eller fraser. Till exempel, om en kristall ska laddas för skydd, säger jag

- Denna kristall är fylld med skyddande energi som skyddar mig från negativitet.

När jag känner att föremålet är laddat, sänder jag ett tack till universum och mitt kraftdjur eller andra krafter jag arbetar med. Ritualen avslutas genom att ljusen och rökelsen släcks på ett respektfullt sätt. Ritualen behöver utföras då och då för att föremålet ska behålla laddningen. Ritualen görs mer personlig genom att inkludera symboler, färger eller andra element som harmonierar med intentionen. Föremål som laddats kan användas i vardagen, till exempel att bära en laddad kristall, eller använda en laddad olja för att smörja sig med. Kvinnorna som åtalades för att ha farit till Blåkulla i 1600-talets häxprocesser sades använda egenkokt smörjmedel på kvasten för att den skulle flyga enligt de gamla skrämmande rättegångsprotokollen. Ibland flög de i stället på en insmord människa eller ett djur, fantasierna visste inga gränser hos dem som förde fram anklagelserna. För att hedra dessa av vantro mördade kvinnor använd gärna något att smörja dig själv med för extra kraft. Ladda din nattkräm eller bodylotion med allt du kan komma på och flyg sedan i drömmen.

PRESENT TILLBAKA, EN TROLLSTAV
Jag skapar magiska cirklar

När du skapar din egen trollstav, välj ett träslag som du tycker passar dig. Vanliga träslag för trollstavar är ek för styrka, ask för skydd, lönn för transformering och pil för intuition. Idealiskt är att använda en gren som du hittar själv på din promenad, kopplingen mellan dig och trollstaven stärks på så sätt. Tänk på att be om tillåtelse från trädet och tacka om du tar en gren. Ibland kan grenar ha blåst ner, om du föredrar en sådan gren ska du bara tänka på att grenen bör vara någorlunda färsk.

Utseende och design på en trollstav bestämmer du själv, samtidigt finns några traditionella utseenden att reflektera över. Trollstavar är vanligtvis 25-35 centimeter långa, ungefär som en underarm, men du kan anpassa längden efter dina egna behov och preferenser. Du kan låta trollstaven vara naturligt formad eller slipa och forma den efter din egen smak och dekorera den med kristaller, metallband, runor, eller snidade symboler. Välj dekorationer som förstärker dina mål och stärker din koppling till staven. Du kan även inkludera symboler eller material som för in de olika elementen för att stärka staven. Trollstaven bör spegla din egen energi och personlighet om du lägger tid och omsorg vid skapandet överförs din egen kraft till staven. Innan du börjar, rena dina material med rökelse, saltvatten eller genom att placera dem i solljus eller månljus. Använd verktyg och tekniker som du är bekväm med och var försiktig samt arbeta noggrant.

Till min väns trollstav använder jag en gren från en gammal, stor kastanj som växer utanför min bostad, nära vatten. Min upplevelse är att trädet skänker beskydd för oss som bor nära och för byggnaderna och jag blir glad när jag ser att en gren har blåst ner under natten som är färsk samt fri att använda. Jag tackar trädet och vinden för gåvan. Kastanjen har sina egna unika egenskaper som kan vara mycket fördelaktiga. Dess virke är känt för att vara starkt och hållbart, vilket är ett bra val för en trollstav som ska hålla länge och tåla användning. Kastanj är också ett utmärkt val till beskyddande amuletter då träslaget anses ha skyddande egenskaper, särskilt mot negativa energier och skadliga influenser. Trä, blad, blommor och frukter från kastanjen kan också vara förknippat med läkning och helande energier samt sägs ha förmågan att hjälpa till med fysiskt och emotionellt välbefinnande. Träets naturliga styrka och uthållighet är en symbol för motståndskraft och beständighet. Frukterna från kastanjeträdet, de ekorrbruna kastanjerna, kan symbolisera tillväxt, överflöd och fruktbarhet, vilket gör kastanjen till ett bra val för arbeten som syftar till att främja dessa aspekter.

Kastanjen har alltså flera betydelser och kan användas för en mängd olika målsättningar beroende på vad min vän vill uppnå. Dess trä anses ha skyddande egenskaper, vilket kan vara användbart för att skapa en trollstav som avvärjer negativ energi och stärker den egna skyddande kraften. Kastanjeträd, liksom alla träd, har en stark koppling till naturen och jordelementet, vilket kan hjälpa till att grunda och stabilisera energi.

En lämplig gren som känns helt rätt för trollstaven har jag nu, jag kapar en bit som är rak och fin och något tunnare än den stav som jag gjort åt mig själv tidigare. Den råa trollstaven renar jag från tidigare energier genom att låta den ligga placerad i ett fönster med både solljus och månljus i ett par veckor.

Vid köksbänken skalar jag därefter av barken från trollstaven med en liten vass kniv. När den är ren, ljus och fin lägger jag den på en solig plats för att låta ytan torka lite. När arbetet med att dekorera påbörjas tar jag först aquamarinen och fäster den längst upp med hjälp av metalltråd som jag virar runt stenen och staven. Metallspiraler är bra energiledare. Häxnamnet bränns in, namnet hon själv valt, liksom en besvärjelse i form av en affirmation samt symboler som ger kraft åt bäraren.

Symbolen för Gudinnan avbildas som en rund kvinnofigur med en spiral på magen eller bröstet. Spiralen kan vara enkel eller invecklad, men den är alltid en symbol för alltid evigt kretslopp av liv och förnyelse. Den runda formen symboliserar den kreativa kraften att ge liv och spiralen står för livets eviga cykel, från födelse till död och återfödelse. Gudinnan är starkt kopplad till jorden och naturens krafter, hon bär på moderskap, näring och tillväxt. Spiralen är en uråldrig symbol för andlig utveckling och inre resa mot självförståelse och utåt mot universell visdom. Att inkludera symbolen för gudinnan på en trollstav kan förstärka dess kraft och koppling till skapelse då symbolen syftar till att främja tillväxt och kreativ energi. Fokusera på gudinnans symbol under arbetet för att ansluta till den feminina skapelsekraften och den andliga visdomen. Att bränna in denna symbol på en trollstav kan ge den en djupare andlig och symbolisk kraft och anslutning till den uråldriga feminina visdomen och energin som gudinnan ger oss.

Merkurius, vars symbol ser ut som en hondjävul med en cirkel med ett kors under och en halvmåne ovanför, som påminner om horn. Merkurius är planeten för kommunikation, både verbal och skriftlig och styr över hur vi uttrycker oss samt hur vi tar emot och förstår information. Merkurius påverkan handlar om vårt intellekt, logik och analytiska förmåga och påverkar hur vi tänker, lär oss och bearbetar information. Planeten är förknippad med snabbhet och rörlighet, både fysiskt och mentalt vilket kan symbolisera hastighet i resor och snabba tankeprocesser. Inom astrologi styr Merkurius även över handel, affärer och ekonomiska transaktioner. Inom vissa myter och traditioner har Merkurius en trickster-aspekt, vilket innebär att den kan vara förknippad med list, anpassningsförmåga och humor. Merkurius är härskare över stjärntecknen Tvillingarna och Jungfrun, vilket innebär att den har en stark inverkan på de som är födda i dessa tecken. När Merkurius går retrograd, verkar röra sig bakåt i sin bana, påverkas kommunikation, resor och teknologi negativt. Fenomenet ses som en tid för att reflektera, revidera och återgå till gamla projekt. Symbolen består av en cirkel för ande och helhet, korset som symboliserar den materiella världen och halvmånen som står för mottaglighet och intuition. Kombinationen av dessa element visar balansen mellan andligt och materiellt liv, samt kopplingen mellan intellekt och känsla.

Ögat av Horus, Det allseende ögat, är en symbol som har djupa rötter i både religiös och esoterisk tradition. Ögat är en egyptisk skyddssymbol som handlar om kunglig makt, skydd och god hälsa. När Horus, som har ett hökhuvud, förlorar sitt öga i striden mot Set och återställs av Thoth, blir ögat en symbol för helande och återfödelse. Symbolen för det allseende ögat används för beskydd och tros avvärja negativ energi och ge säkerhet. Symbolen visar också på en högre makts övervakning och rättvisa och står för andlig insikt och upplysning. Ögat ger oss bilden av en högre medvetenhet och förståelse för den andliga världen och utgör en mångfacetterad symbol som har en rik historia och djup betydelse i olika kulturer.

Hjulet är en vanlig symbol för eter som visar kontinuerlig rörelse, förändring och cyklisk tid. Hjulet symboliserar också helhet, enhet mellan olika aspekter av existensen. Hjulet består vanligtvis av en cirkel med ekrar som strålar ut från mitten. Cirkeln i sig är oändlighet och helhet, medan ekrarna symboliserar de olika vägar eller aspekter av livet som strålar ut från en central punkt av enhet och balans. Hjulet symboliserar också den kosmiska enheten och den djupare kopplingen mellan allt i universum. Symbolen är en påminnelse om att allt hänger ihop och att varje del påverkar helheten. Att visualisera eller fokusera på etersymbolen kan hjälpa till att ansluta till högre medvetande och andlig insikt och kan också hjälpa till att balansera och harmonisera din energi. Etersymbolen kan användas i andliga ritualer för att skapa en andlig atmosfär och kan fungera som en påminnelse om den universella enheten och essensen som binder samman allt. I energiarbete och healing kan etersymbolen användas för att rikta och kanalisera andlig energi och förbättra andlig klarhet.

Pentagrammet är en femuddig stjärna som kan vara innesluten i en cirkel. Symbolen är en av de mest kända och kraftfulla inom esoterik och andliga traditioner. Varje spets på pentagrammet representerar ett av de fem elementen: jord, vatten, luft, eld och eter. Symbolen visar hur dessa element är sammanlänkade och arbetar i harmoni. Pentagrammet anses vara en stark beskyddande symbol som avvärjer negativ energi och skadliga krafter. Inneslutningen i en cirkel förstärker dess beskyddande kraft. Formen symboliserar också andlig fullkomlighet och balans vilket visar människans strävan efter harmoni i livet. Inom vissa gnostiska och hermetiska traditioner står pentagrammet för människans mikro- och makrokosmos, med människan som en miniatyr av universum.

Inom Wicca och andra neopaganska traditioner används pentagrammet i ritualer och besvärjelser för att rikta och fokusera energi. Många bär pentagrammet som smycken eller amuletter för att skydda sig själva och förstärka den andliga kopplingen. Ett uppåtvänt pentagram med en spets som pekar uppåt är vanligtvis associerat med positiv energi och andlighet, medan ett nedåtvänd pentagram med två spetsar som pekar uppåt ibland är anknutet till satanism och mörk magi, även om så inte är fallet. Pentagrammet är en kraftfull och mångfacetterad symbol som har en rik historia och djup betydelse i många olika andliga och esoteriska traditioner.

Månfaserna eller trippelgudinnan är symbolen för gudinnan som kan variera beroende på tradition och kultur. En av de mest kända och universella symbolerna är den så kallade Trippelgudinnans symbol som består av de tre aspekterna av gudinnan, Jungfrun, Modern och Den Gamla, eller Krons även Haggan. Jungfrun handlar om ungdom, ny början och potential och är förknippad med våren och nymånen. Symbolen för Jungfrun kan vara en crescentmåne vänd åt vänster. Modern står för fertilitet, kreativitet och omsorg och är förknippad med sommaren och fullmånen. Symbolen för Modern är en fullmåne i mitten. Den Gamla, Krons eller Haggan handlar om visdom, avslut och transformation och är förknippad med hösten och avtagande måne. Symbolen för Krons är en crescentmåne vänd åt höger. När dessa tre aspekter sammanförs, bildar de en symbol bestående av en fullmåne i mitten med en crescentmåne på var sida. Att bränna in symbolen för gudinnan på trollstaven kan hjälpa till att stärka kopplingen till gudinnans energi och arketyp. Symbolen för gudinnan bär på den feminina kraften som kan användas genom att kalla på gudinnans kraft. Gudinnesymbolen är också nära kopplad till månens cykler, som speglar de olika faserna av livet och naturens förändringar.

Runt stavens mitt virar jag en bit snöre för att manifestera evighet och jord, samt för att koncentrera kraft till staven. Under snöret sätter jag fast en svart fjäder ryckt från en fjäderboa som jag haft på mig på riktigt roliga fester med karaokesång och 20-talstema. Att vira ett snöre i en spiral runt en trollstav kan ha flera betydelser beroende på vad du vill införa.

Spiralen är en uråldrig symbol för livets cykler och kontinuerlig tillväxt, evolution, utveckling och den ständiga förändringen i livet. En spiral som rör sig från basen till toppen av trollstaven kan visa på en förbindelse mellan den jordiska och den andliga världen, samt enhet och balans mellan dessa dimensioner. Spiralen kan också symbolisera energi och kraft som rör sig uppåt och utåt och kan utgöra en koncentration av kraft längs med trollstaven. Spiralen är en symbol för oändlighet och evigt kretslopp av skapelse och förstörelse och kan symbolisera evig visdom och tidlöshet. Genom att vira ett snöre eller band i en spiral runt trollstaven förstärks och kanaliseras dess energi vilket kan hjälpa till att fokusera och rikta din önskan. Spiralsnöret kan även fungera som ett dekorativt element som gör trollstaven mer personlig och visuellt tilltalande. Att lägga till ett spiralformad snöre på trollstaven förstärker dess betydelse och effekt och gör trollstaven ännu mer unik och personlig.

Svarta fjädrar kan ha en djup symbolik och betydelse och anses vara beskyddande och skyddande mot negativa energier och påverkan. Fjädern kan fungera som en andlig sköld som hjälper till att avvärja skadliga krafter och håller dig säker. Svarta fjädrar är associerade med mystik, djupare mysterier och andlig visdom. Svart är också färgen för transformation och förändring. En svart fjäder kan symbolisera en period av omvandling eller personlig utveckling. Svarta fjädrar kan vara tecken från andevärlden eller andliga vägledare och kan bära med sig viktiga budskap eller insikter och vägar till högre nivåer av andlig visdom och insikt, som kan hjälpa dig att ansluta till din inre visdom.

Svart fjäder kan också symbolisera balansen mellan ljus och mörker, och påminna oss om att omfamna både positiva och negativa aspekter av livet. De kan visa oss dualiteten i vår existens och vikten av att hitta harmoni mellan olika krafter. Svarta fjädrar är kraftfulla symboler som kan ha olika betydelser beroende på personlig tolkning och andlig praxis. Att använda en svart fjäder i ritualer kan hjälpa dig att dra nytta av dess skyddande och transformerande krafter. Med fjädern vill jag ge mottagaren rätt att skratta lite och använda trollstaven även med smått elaka tankar och önskemål och samtidigt vara beskyddad. Med häxans rätt. Den färdigdekorerade trollstaven viras in i ett tyg som jag har använt i mitt hem och jag knyter ett vitt snöre om och ger den slutligen i gåva till min vän. Nu är det upp till henne att få den att fungera. Trollstaven jag skapat är rik på symbolik och kraft. Den kombinerar styrka, skydd, andlig visdom och personlig identitet, vilket gör den till ett kraftfullt verktyg.

Du som har en trollstav bör ha en klart uttalad vilja gällande vad trollstaven ska användas till. Användningsområdet kan omfatta allt från att stärka besvärjelser till att fungera som en skyddande amulett. Efter att ha tillverkat trollstaven, eller efter att du fått den, ladda den med dina intentioner genom att meditera med den, håll den nära ditt hjärta och fokusera på din avsikt. Håll trollstaven i dina händer och fokusera på din intention. Visualisera hur energin fyller trollstaven och ladda den med dina målsättningar. Förvara trollstaven på en säker plats när du inte använder den, helst i ett skyddande fodral eller tyg. Rengör och underhåll trollstaven både fysiskt och energimässigt, för att hålla dess kraft fortsatt stark.

Använd trollstaven för att rita en cirkel runt dig själv eller ditt arbetsområde, vilket skapar ett heligt och skyddat utrymme för dina ritualer. Peka med trollstaven mot de fyra väderstrecken för att framkalla elementen jord, vatten, eld och luft. Använd trollstaven för att rikta och fokusera din energi när du uttalar besvärjelser, affirmationer eller trollformler. Håll staven med spetsen pekande mot objektet eller platsen du vill påverka. Trollstaven kan användas för att rita symboler i luften eller på marken, symbolerna kan vara symboler som förstärker dina mål eller utgöras av specifika tecken. Håll trollstaven i handen medan du mediterar för att hjälpa dig att fokusera och centrera din energi och visualisera att trollstaven kanaliserar universell energi in i dig. Använd trollstaven för att ansluta till högre medvetandetillstånd eller för att förstärka din intuition och andliga insikt. Använd trollstaven för att dirigera helande energi till specifika delar av din kropp eller till andra personer genom att peka med trollstaven mot områden som behöver läkning. Använd trollstaven för att avvärja och rensa bort negativ energi från ditt hem eller din arbetsplats genom att vifta med staven i svepande rörelser runt rummet. Inkorporera trollstaven i skyddsritualer för att skapa en andlig sköld runt dig själv eller dina nära och kära. Använd trollstaven som en del av din dagliga andliga praxis.

Trollstaven kan fungera som en personlig talisman som stärker din andliga kraft och koppling till universum. Kom ihåg att din trollstav är ett verktyg för att kanalisera och förstärka din egen inre kraft och dina önskemål. Använd den med respekt och omsorg för att skapa en meningsfull och kraftfull praxis.

Medlem i anonyma häxor

En häxa är ett begrepp som har olika betydelser beroende på kulturell och historisk kontext. Traditionellt associeras häxor med trolldom, andliga praktiker och en djup förståelse för naturens krafter, elementen och övernaturliga väsen. I många kulturer, särskilt i västerländska traditioner, betraktas en häxa som någon som utövar trolldom. Häxkonsten kan inkludera allt från att skapa healingritualer till att använda magiska föremål eller utföra ritualer för att skapa förändring i livet.

I historisk och folkloristisk mening betraktas häxor som kvinnor med stor kunskap om helande genom växter, örter, läkekonst och naturens krafter och kroppens energier. I äldre samhällen, särskilt på landsbygden, respekteras kvinnor som har denna kunskap, samtidigt fruktas de också för att de känner för mycket och därför kan ha övernaturliga förmågor.

Inom många spirituella traditioner som Wicca, paganism eller andra naturbaserade andliga vägar, är en häxa någon som är engagerad i en andlig väg som involverar rituell magi och samhörighet med naturens cykler. Häxorna anses vara väktare av naturens energi och använder trolldom för att hela, skydda, välsigna eller skapa förändring. Häxans praktik är här förknippad med elementen, månfaserna, årstiderna och andra cykliska krafter.

I moderna tolkningar, särskilt i feministiska och empowerment-kulturer, är häxan en symbol för kvinnlig styrka och självbestämmande. Häxans arbete inom feminismen handlar om att utmana patriarkala strukturer, stå upp för sin egenmakt och leva i harmoni med sig själv och naturen. Häxan är en kvinna som tar kontroll över sitt liv och sina beslut, både på en personlig och andlig nivå.

Under medeltiden och renässansen förknippas häxor med förföljelser, bränning på bål och häxjakter. Häxorna anses vara onda, syndiga eller i pakt med djävulen, och många kvinnor avrättas efter att ha anklagats för att utöva trolldom och besöka Blåkulla. I verkligheten är de flesta av dessa personer helt vanliga kvinnor med kunskap om naturen eller alternativa läkeformer, som oskyldigt förföljs. Grunden till häxprocesserna är boken Häxhammarens kvinnohat, kvinnan anses av påven vara så opålitlig och korkad att hon är predestinerad till att snärjas av ondskefulla makter. Så han beställer ett skrivet verk av ett par munkar som sedan kan ligga till grund för processen att rensa ut alla ondskefulla kvinnor som djävulen tagit makten över. Många oskyldiga kvinnor tvingas till horribla erkännanden som de halshuggs för i hela Europa under medeltiden. Häxprocesserna är inte ett endast resultat av galenskap och vidskepelse, det är en medveten politik som förs av statliga ämbetsmän och präster i syfte att få kontroll på kvinnorna.

I dagens populärkultur är häxor många gånger romantiserade eller förvrängda till figurer som har övernaturliga krafter. Häxorna förekommer i böcker, filmer och serier och är ibland goda, ibland onda, beroende på berättelsen. Exempel på sådana häxor är de i berättelser som Harry Potter, The Witches av Roald Dahl, eller i filmer som Hocus Pocus. I populärkulturen är häxan en kvinna med förmåga att förändra verkligheten, en viss fascination för hennes krafter kan skönjas.

Häxor kan praktisera magi för att läka, skydda och skapa förändring. Idag är häxan framför allt en symbol för personlig styrka, andlig frihet och att leva i harmoni med världen omkring sig.

En häxa kan alltså vara en person som kombinerar sin inre kraft och kunskap för att påverka både sin egen och andras verklighet. Vad en häxa är kan variera beroende på perspektiv, men gemensamt för de flesta traditioner är att häxan lever i nära relation med naturens energi och har tillgång till en unik form av visdom. Hon är lite farlig för vissa. Vi är alla häxor på ett eller annat sätt, i vilken utsträckning du vill kalla dig häxa är upp till dig. För egen del är jag nöjd med att vara häxa i den feministiska meningen, en kvinna som har gett sig själv makt över sitt eget liv, vilket är viktigare än att ha makt över någon annans liv. Så klart är vi häxor.

Nu tar jag fram pendeln som ligger på laddning på hemmaaltaret då jag har några specifika frågor som jag vill att den ska svara på. Under tiden som den renats och laddats har jag gjort mycket för att tydliggöra min magiska makt för mig själv. Till exempel genom att skriva denna bok där jag återger vilken betydelse min egen hushållsmagi kan ha för mig. Ett tag hade jag nästan glömt bort nöjet att ha lite koll på elementen, trollstaven och numren samt kristallerna och kraftdjuret. Min magi ingår i en tradition som är starkt påverkad av elementläran från de esoteriska, filosofiska som användes under medeltiden, samtidigt är jag influerad av naturfolken och prästinneordnarna som jag betraktar som djupt feministiska. En häxa för mig är en kvinna som går sin egen väg och som kan styra sig själv och sin vardag. Som kvinna behöver du vara medveten om alla de försök som hela tiden görs av att styra dig och din vardag. Med lite hushållsmagi kan en kvinna få stöd till att ha egen kontroll genom att påminna sig själv om den kraft som behövs för att vara en tydlig person som inte ger vika för andras tyckande.

Pendeln sa förresten Ja!

När vi nu når slutet av denna resa är min förhoppning att du har funnit inspiration och verktyg för att förvandla din vardag till något meningsfullt och stärkande. Med denna bok vill jag visa hur vi människor kan formulera syfte och riktning för att manifestera våra drömmar och mål. Genom att använda gamla metoder och verktyg, som pendlar, medicinpåsar, kristaller och kraftdjur, kan vi stärka oss själva och skapa en djupare koppling till världen omkring oss. Jag vill uppmuntra dig att fortsätta utforska och experimentera med magi i ditt eget liv. Våga vara lite häxig, ge dig själv och dina saker namn som bär på kraft och betydelse.

Affirmera mera! Kom ihåg att magi inte är något som finns utanför oss, utan något vi skapar genom vår vilja och våra handlingar. Varje steg vi tar och varje beslut vi fattar bär på en oskriven potential. Så, kära läsare, jag uppmanar dig att göra verklighet av dina drömmar. Ge din vardag liv genom att döpa dina saker och dig själv. Låt esoteriken flöda genom varje aspekt av ditt liv och se hur din verklighet förvandlas. Tack för att du har följt med mig på denna resa. Jag önskar dig all lycka på din egen väg att stärka dig själv och skapa din egen verklighet.

Med all värme *Karina Lilla Räven*

Bilaga, numerologisk tabell

Här är några av de viktigaste vägarna som numerologi kopplar till specifika siffror.

Livsväg

För att beräkna ditt livsvägstal summerar du siffrorna i ditt födelsedatum.

Om du föddes den 5 oktober 1986, räknas ditt livsvägstal ut genom att lägga ihop siffrorna i ditt födelsedatum, och vi får 1 som livsvägstal.

Personligt år

För att räkna ut ditt personliga år tar du ditt födelsedatum, plus aktuellt år. Om du har födelsedagen 1986-10-05 och vill veta ditt personliga år för 2025, gör så här.

Ta månaden och dagen från ditt födelsedatum: 10 + 5 = 15.

Lägg till året du vill veta om: 2025 → 2 + 0 + 2 + 5 = 9.

Lägg ihop summorna: 15 + 9 = 24 → 2 + 4 = 6.

År 2025 är ett 6-år i vårt exempel, vilket handlar om balans, familj, ansvar och tjänande och kan vara ett år där du fokuserar på att ta hand om människor omkring dig och kanske arbetar med hem eller relationer.

Självbild

Talet beräknas genom att addera siffrorna i ditt fullständiga namn och visar de talanger och förmågor du har och hur du uttrycker dig i världen. Mitt namn Karina Lilla Räven, beräknas genom att lägga ihop varje bokstav i namnet och omvandla dem till siffror.

Självmedvetenhet

Talet räknas ut genom att använda vokalerna i ditt fullständiga namn. Till exempel i namnet Karina Lilla Räven, skulle vi använda vokalernas numerologiska värden (A, I, A, I, A, Ä, E).

Utmaningar

Talet beräknas genom att använda födelsedatumet och förstå vad du kan behöva arbeta med.

För att räkna ut vilket numerologiska värde namnet ger, används ett system där varje bokstav i namnet motsvarar en siffra, enligt den här tabellen:

Bokstav Siffra

Bokstav	Siffra
A	1
B	2
C	3
D	4
E	5
F	6
G	7
H	8
I	9
J	1
K	2
L	3
M	4

För att räkna ut numerologiskt värde för namnet Karina Lilla Räven, omvandlas varje bokstav i namnet till en siffra och summeras.

1. Karina:

K = 2

A = 1

R = 9

I = 9

N = 5

A = 1

Totalt för Karina: $2 + 1 + 9 + 9 + 5 + 1 = 27 \rightarrow 2 + 7 = 9$

2. Lilla:

L = 3

I = 9

L = 3

L = 3

A = 1

Totalt för Lilla: $3 + 9 + 3 + 3 + 1 = 19 \rightarrow 1 + 9 = 10 \rightarrow 1 + 0 = 1$

3. Räven:

R = 9

Ä = 1

V = 4

E = 5

N = 5

Totalt för Räven: $9 + 1 + 4 + 5 + 5 = 24 \rightarrow 2 + 4 = 6$

Nu summerar vi siffrorna från varje del:

9 (Karina)

1 (Lilla)

6 (Räven)

Totalt: $9 + 1 + 6 = 16 \rightarrow 1 + 6 = 7$

Karina Lilla Räven ger 7 som representerar analys, inåtblickande och andlig sökning.

Förutom de grundläggande siffrorna nämns också mästarnummer i avsnittet om numerologi som har en djupare och mer komplex energi. Mästarnummer ska inte reduceras till en enkel siffra eftersom deras betydelse är så kraftfull. Till exempel om du har ett födelsenummer eller ett annat nummer som summerar till 11, bör du inte reducera talet till 2, utan i stället arbeta med dess kraft och potential.